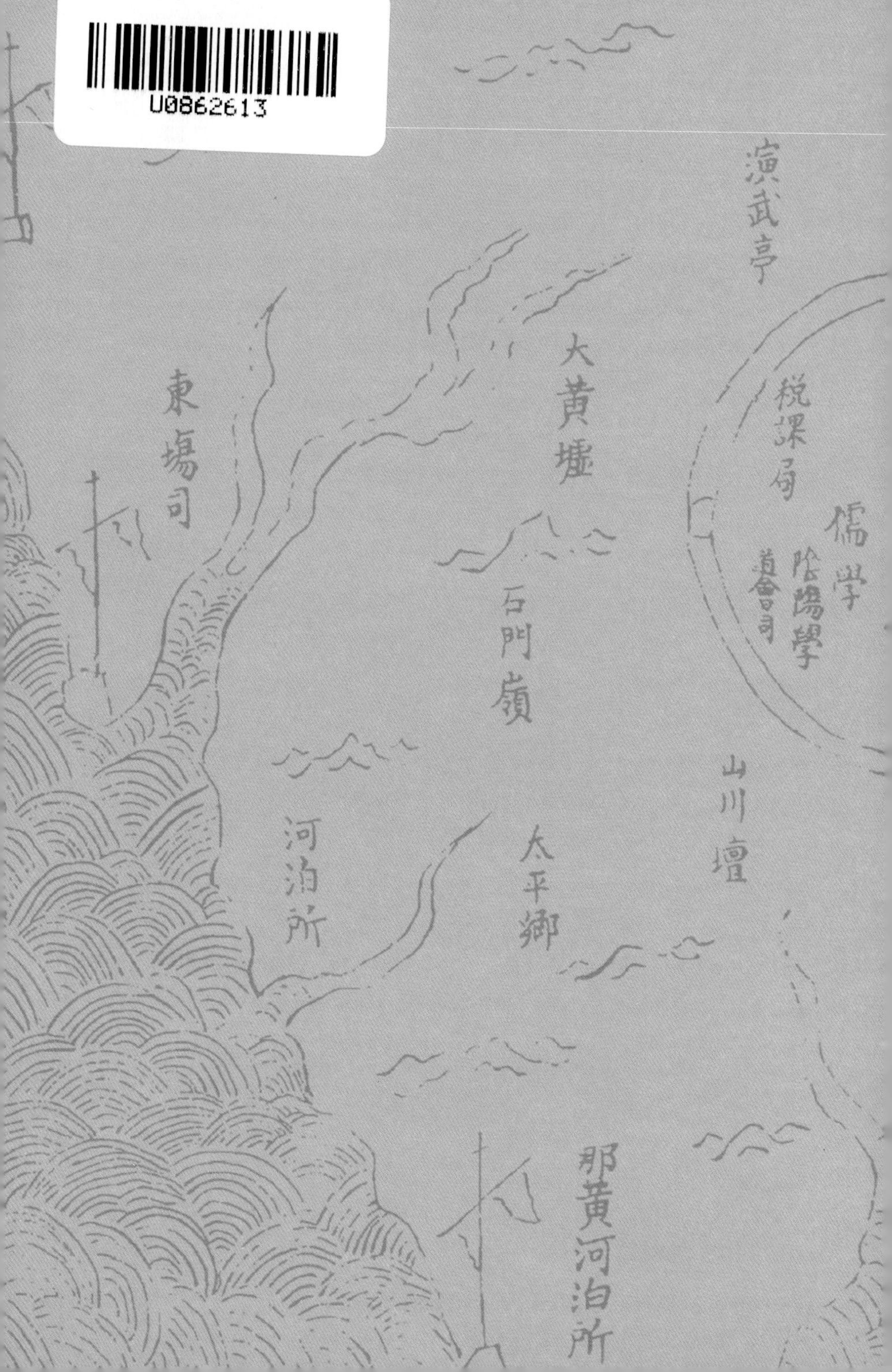
演武亭
税課局
儒學
陰陽學
道會司
大黄墟
東場司
石門嶺
山川壇
太平鄉
河泊所
那黄河泊所

『粵西府縣舊志叢書』整理編輯委員會

主　編：孫長軍

副主編：蔡　平（执行）　鄧　建　劉　剛

編　委：（以姓氏筆畫爲序）

李玉晶　沈曉梅　閆　勖　張蔚虹　彭潔瑩　董國華　趙永建　蔡　平

裴夢蘇　鄧　建　劉世傑　劉　剛　劉　嵐　閻懷蘭　鍾嘉芳

粤西府縣舊志叢書

孫長軍 主編

康熙二十六年徐聞縣志

（清）閻如玲 修 吴平 纂
蔡平 整理

暨南大學出版社
JINAN UNIVERSITY PRESS
中国·广州

『粵西府縣舊志叢書』總序

一、『粵西』所指及叢書範圍

『粵西』與『粵東』相對，本是一歷史地名。《中國歷史地名大辭典》：『粵西，指今廣西壯族自治區，為廣西之別稱，因位於古百越（粵）地西部而名。』『粵東，指今廣東省地，因位於古百越（粵）地東部而得名。』清人汪森所輯《粵西通載》一百三十卷（《粵西詩載》二十五卷，《粵西文載》七十五卷，《粵西叢載》三十卷），書名『粵西』即指今廣西。其《粵西詩載序》曰：『凡系粵西之事，形之詩與文者，抄撮成一編。』雖然其中所錄詩文的書寫並非盡為今廣西之事，以廣西視角的觀照是明確的。至民國陳柱編輯明末清初至民國十三年十四家詩，則皆為廣西人詩作。今人曾德珪所編《粵西詞載》網羅清宣統三年以前廣西歷代詞作而成。以上所稱『粵西』，均屬史的稱謂。即便是當代學者面對廣西的歷史文化問題研究，仍有以『粵西』名之者，胡大雷《粵西文化與中華文化研究·前言》說：『之所以稱粵西文化而不稱廣西文化，則是出於我們的研究比較多地是注重文化史研究的考慮。』明清時期的廣東，有『粵中』『粤東』之稱。清乾隆時期范端昂輯撰的《粤中見聞》，是一部以廣東風物為記述内容的筆記散文。乾隆時期順德人溫汝能纂輯《粤東詩海》，則以清代廣東省域為範圍，收錄廣東本土詩人之詩作。吴永光《粤東詩海·前言》指出清代廣東的政區範圍：『粤東，或稱東粤，以其地處古百粤之東，故有此稱。含今廣東省、海南省及廣西欽州地區。』

現代意義上的粤西，一般是地理、經濟、文化等的綜合指稱，包括湛江市、茂名市、陽江市、雲浮市及肇慶市和江門市的部分地區。《廣東省今古地名詞典》：『粤西，泛指廣東省西部地方，包括肇慶市、湛江市、茂名市及陽江市。』隨着改革開放四十年廣東經濟社會的發展，珠三角地區向外的逐漸輻射，粤西的指稱範圍相應地也在縮小，今通常指廣東西部四個地級市，即湛江、茂名、陽江、雲浮。四市於明清時期分屬於雷州府、高州府、肇慶府及羅定州，其中湛江市所轄地域在明清時期盡歸於高、雷二府，徐聞、海康、遂溪屬雷州府，廉江（石城）、吴川屬高州府。雷州府三縣位處雷州半島，是雷州文化孕育、發展的主體區域，與雷州府毗鄰的高州府是雷州文化的輻射區域。故將高、雷二府所包含的舊志作為『粤西府縣舊志叢書』整理的對象，叢書名稱中的『粤西』僅指今湛江、茂名二市。

粤西府縣舊志整理所依據的底本為《廣東歷代方志集成》之『雷州府部』『高州府部』所收編的舊志。『雷州府部』含本府縣舊志十一種，即《萬曆雷州府志》《康熙雷州府志》《嘉慶雷州府志》《康熙海康縣志》《嘉慶海康縣志》《民國海康縣志》《康熙遂溪縣志》《道光遂溪縣志》《康熙二十六年徐聞縣志》《康熙三十七年徐聞縣志》《宣統徐聞縣志》。『高州府部』含本府縣舊志三十五種，即《萬曆高州府志》《康熙高州府志》《乾隆高州府志》《道光高州府志》《光緒高州府志》《嘉慶茂名縣志》《光緒茂名縣志》《康熙二十六年茂名縣志》《康熙三十八年茂名縣志》《康熙十二年電白縣志》《康熙二十五年電白縣志》《道光電白縣志》《光緒電白縣志》《民國電白縣志稿》《康熙十三年信宜縣志》《康熙二十六年信宜縣志》《乾隆信宜縣志》《光緒信宜縣志》《康熙九年化州志》《康熙二十五年化州志》《乾隆化州志》《道光化州志》《光緒化州志》《康熙八年吳川縣志》《康熙二十六年吳川縣志》《雍正吳川縣志》《乾隆吳川縣志》《道光吳川縣志》《光緒吳川縣志》《康熙六年石城縣志》《康熙二十五年石城縣志》《康熙五十一年石城縣志》《嘉慶石城縣志》《光緒石城縣志》《民國石城縣志》。合高、雷府縣舊志總為四十六種，除其中少部分因版面字蹟漫滅不具備整理條件外，均納入叢書之內。

二、舊志整理——地域歷史文化研究的基礎工作

從人類發展史看，任何一個民族或族群，在求得自身生存、發展的歷史進程中，都必然依賴於某一特定的地理空間，在這一地理空間內繁衍生息，既接受大自然的賜予，適應特定的地理環境，又在一定程度上影響甚至改變着周圍的自然地理環境，這種雙向互動便產生各式各樣的、帶有人的影響印蹟的、物質性的或非物質性的形態，我們通常將這些形態稱作『文化』。一種生命體與其生存的環境發生互動是普遍存在的，並非僅有人類如此，但其他生命體與環境互動產生的結果都不能稱作『文化』，惟獨人與環

境互動的衍生物才是『文化』。或者也可以這樣說，『文化』是人類的特有屬性之一。這種對『文化』內涵所指的認定，是以人與自然的二元存在為觀照點的，更傾向於人的主體地位。常言道『一方水土養一方人』，這是立足於自然空間環境的說法，將人看作自然的一部分。因為一方水土並非只養一方人，還養育着這方水土上的其他生命體。一方水土上的人受一方水土的滋養，反過來一方水土也在一定程度上受到人的影響，這一方水土的人與這方水土的互動，便構成地方文化，或稱作區域文化。

中國幅員遼闊，民族衆多，各地有各地獨特的文化形態和文化生成脈絡。從較大地域空間而言，湛江地方特色文化屬嶺南文化的構成部分，而今廣東政區所屬又是嶺南文化孕育、生成、發展的最主要區域。在這一區域中，由於早期百越民族的外遷與不同歷史時期中原漢民族族群的南下，北方漢民族和嶺南百越民族或融合，或獨立發展，形成了多樣化的族群文化形態，這些不同形態的族群文化有着特定的存在空間，諸如廣府民系所代表的廣府文化主要分佈在珠三角地區、客家民系所代表的客家文化主要分佈在粵東北地區、潮汕民系所代表的潮汕文化主要分佈在粵東沿海的潮汕地區。今湛江政區所屬區域最具特色的文化形態被人們界定為『雷州文化』，而且『雷州文化』在一定話語層面被指稱為廣東四大地方文化板塊之一。然而，雷州文化是怎樣性質的地域文化，是否如同廣府文化、客家文化、潮汕文化一樣主要基於三大漢族族群稱謂的文化類型，哪些方面的特質決定了它可與其他三大文化形態並列指稱，都缺乏必要而有力的註腳，常常給人以比附甚至是『攀附』的印象。再者，長期以來，官方話語和學術話語中，提起湛江的地域文化，往往籠統地以『雷州文化』概之，這種觀念所帶來的結果，一方面造成更廣大社會層面人們的誤讀，以為湛江的歷史文化就是雷州文化，連帶而來的是吳川、廉江兩地對雷州文化的排斥；另一方面，從事湛江地域文化研究的學者，多重視和傾向於雷州文化研究，而忽略了不能納入雷州文化圈層的廉江和吳川的地域文化，造成湛江地域文化發掘和研究上的不平衡局面。

之所以形成湛江地域文化話語中的諸多疑問（爭議），不少專家學者或地方文化人參與研究與闡釋地域文化，卻似乎沒有誰能說得更明白，也沒有哪一家說得更令人信服。究其原因，最根本的是長期以來看似越來越多的地域文化研究成果，卻僅僅是對部分舊有史料的反復使用和轉抄，對這部分被人們用熟了的材料轉換視角進行再闡釋和再使用，其結果就是無論文章還是著作，都給人似曾相識感。地域文化研究，並非純屬學術層面的基礎研究，而是一種綜合研究，是基礎性研究、闡釋性研究、傳承性研究、創新性轉化的應用研究的綜合。當下的湛江地域文化研究，僅僅停留在文化現象的闡釋性研究層面，基礎性研究不夠，闡釋性研究是片面的、缺乏整體性和客觀性的；缺乏和忽視傳承性研究與創新轉化研究，則失去了闡釋性研究的存在意義和價值。在基礎性研究、闡釋性研究、傳承性研究、應用性研究這一綜合研究體系中，所有研究都必然是從基礎研究做起。對於湛江而言，頭等重要的基礎性研究課題便是要弄清楚今日湛江政區範圍內，在歷史時期留下了怎樣的文化遺產，包括物質性文化遺產和非物質性文化遺產。這裏談到的文化遺產，是指今天仍見在的文化遺產，需要政府部門進行頂層設計，整合人力、物力資源進行全面普查。這是一項非常浩大的文化建設工程，涉及人的生存發展所旁及的一切方面，即留下甚麽就調研甚麽，並搜集、記錄、闡釋甚麽，最終以文字或圖片的形式將其固定下來，從而成為本土文化傳承後世的文獻源。地域文化研究的另一項基礎性研究工作，是要弄清中外各類文獻（主要是指歷史時期的文獻遺存）中究竟有哪些關於今日湛江政區範圍内的各方面文獻記載與文字呈現，並將其中所有相關文獻全部編輯出來，這就是湛江地方文化研究的文獻集成工作，進而利用現代技術手段將集成性湛江歷史文獻數字化，建立湛江地域文化研究文獻資料庫，為未來湛江地域文化的綜合研究提供第一手資料。

由以上表述可知，湛江地域文化研究的步驟是由基礎性研究到闡釋性研究、傳承性研究、應用轉化性研究層遞推進的。基礎性研究為後續研究提供第一手可信度強的文獻資源；闡釋性研究是對個體文化形態的認知研究；傳承性研究是對優秀的物質性和非物質性文化遺產的生態保護和傳承，使之血脈不斷；應用轉化性研究是在客觀認知和呈現文化遺產的前提下，進行基於個體文化遺產的現代創新和轉化研究，即歷史文化遺產的市場化運作，進入文化產業發展層面。

湛江地域文化的基礎性研究，包括『湛江地域文化研究文獻集成與數字化』（湛江歷史文化研究文獻集成）和『湛江歷史文化遺產普查與數字化』兩大工程。粤西府縣舊志整理屬湛江地域歷史文化研究文獻集成的重要内容，也是最主要的部分。

三、舊志整理與區域文化研究的學科歸屬

區域歷史文化元素的發掘、整理、研究與傳承，前提是必須摸清特定區域內的歷史遺存，由歷史存在文化元素所屬的門類，結合現代學術研究的學科分類，提煉歸納出一個地方歷史文化研究方向。在物質性的歷史文化遺產中，紙質文獻相對是最豐富的，也是區域歷史文化研究最重要的依據。紙質文獻包括歷代地方舊志、方志以外歷代本土與外來人士的本土書寫、歷代地方譜類文獻、歷代地方碑刻、歷代正史及地理總志的本土史事人物載錄等。其中，歷代地方舊志能相對最全面、最集中、最細緻地呈現一地經濟社會發展狀況。故地方歷史文化研究理應從方志整理做起。

就今湛江政區而言，其涉及的府縣舊志，雷州府所屬《雷州府志》三部、《海康縣志》三部、《遂溪縣志》兩部、《徐聞縣志》三部，高州府所屬《高州府志》五部、《吳川縣志》六部、《石城縣志》六部。雷州府部全部十一種及高州府部吳川、石城二縣十二種，是湛江本土府縣舊志，高州府部中的五種《高州府志》載錄了吳川、石城史事，以上總計二十八種，是湛江歷史文化研究資料的直接來源。另外高州府所屬《茂名縣志》四部、《電白縣志》五部、《信宜縣志》四部、《化州志》五部，總十八種，是湛江歷史文化輻射最近區域遺存的志書。

今收編粵西高、雷二府舊志的大型叢書主要有三種：一是上海書店等三家出版社合作出版的《中國

地方志集成·廣東府縣志輯》；二是臺灣成文出版社所出《中國方志叢書》；三是嶺南美術出版社出版的《廣東歷代方志集成》。前二者體例相像，於每一府縣僅收編一種志書。如成文版《中國方志叢書》收編《萬曆雷州府志》《萬曆高州府志》《光緒吳川縣志》《民國石城縣志》《宣統徐聞縣志》《道光遂溪縣志》《康熙二十六年海康縣志》，大致均為一府一縣歷代志書中較有代表性或較為完善的一種。惟《廣東歷代方志集成》不擇巨細，收錄一府一縣傳世所有舊志，為舊志校勘和研究提供了極大的方便。以往湛江本土舊志整理已有部分成果，主要有劉世傑、彭潔瑩點校《萬曆雷州府志》，蔡平點校《道光遂溪縣志》，廉江市地方志辦公室點校《民國石城縣志》，廉江市志編纂委員會辦公室點校《光緒石城縣志》。上述數種舊志整理本，啓動整理方考慮到普及和方便使用，均採取簡體横排形式。『粤西府縣舊志叢書』的整理編輯工作，對所有高、雷二府遺存府縣舊志進行全面整理，包括之前已經整理出版的部分舊志，採用繁體竪排形式，以更貼近古籍原貌。

提及地方歷史文化研究，人們想到的往往是一地之風俗、人物、民間藝術、獨特的景觀等，故常見的地方歷史文化研究成果大都呈現為幾個人物、幾種民俗、幾類藝術形式、幾處文化景觀的學術書寫或文化書寫。實際上，這與地方歷史文化元素發掘研究的要求是存在很大距離的。一地的歷史文化構成究竟有甚麽，在哪里，如何表述，最可靠的依據就是文獻的載錄。地方舊志是一地過去時代經濟社會發展狀況的真實記錄，是百科全書式的，它可成為地方歷史文化研究學科體系建構的重要依據。古代地方政區建置主要基於人口數量的盈縮、人口的民族構成而變化，政區沿革與歸屬的變遷是區域歷史文化研究的首要問題，它是地域文化得以孕生發展的地理空間。與區域政區沿革相伴的，是這一特定地理空間中人們賴以生存的自然環境，它包括陸海格局、氣候狀況、山川分佈等。舊志中的《縣圖》《圖經》《沿革》《星野》《氣候》《風候》《潮汐》《山川》等屬此，歸於歷史地理學的研究範疇。特定地理空間的物產是人們賴以生存的物質資源，保持物產充足和可持續發展，又需要相應的水利設施、防災減災設施建設，這就是舊志中呈現的《土產》《井泉》《陂塘》《堤岸》《珠海》《貨物》等門的記述，為地方農業史研究的資料來源。一方水土、一方物產養育一方人，從而形成特定地域的習俗，體現在舊志中即《習尚》《言語》《居處》《節序》等，是民俗學研究的對象。在『普天之下莫非王土，率土之濱莫非王臣』的時代，王朝必設官以分理天下，舊志中的《秩官》詳盡地載錄了一地各級官府的職官設置，是制度史研究的內容。『為官一方，造福於民』，歷來是王朝對地方官員的勸勉，也是方正官員的夙願。於民造福之事，體現在各種與民生相關的舉措中，舊志中《城池》《公署》《亭館》《坊表》《驛鋪》《橋渡》《塔宇》等相當於今之市政建設之屬，歸於《建置》一門。地方官員履行安民職事的同時，還須大力發展地方經濟，並代為王朝抽取，上繳賦稅，《戶役》或《食貨》揭示的是稅制問題，當為地方經濟史內容。經濟發展了，百姓安居樂業了，又需要對其施以教育，於是學校之建是必不可少的。舊志中的《學校》提供的是古代一地的教育史料。為確保一方平安，軍事防禦是必須的。粵西背山面海，既要防山賊，又須禦海寇，《兵防》門提供的是古代的軍事史料。舊志中佔很大篇幅的是人物，具體分為《名宦》《流寓》《鄉賢》《勳烈》《貞女》等，是一地人物研究的重要文獻。《藝文》通常居舊志文本之末，為本土或異地官宦、文士、鄉賢等對當地的詩文書寫，既是開發地方旅遊資源的重要文獻依據，更是書寫一地文學史的重要研究文本。仍有《古蹟》《寺觀》《名僧》《壇廟》等，反映了一地的民間信仰和宗教信仰，是地方宗教等問題研究的基本材料。

四、粵西府縣舊志整理的路徑

粵西高、雷二府舊志整理工作分為兩個階段：

第一階段是將四十六種府縣舊志中凡具備整理條件的全部整理出來，作為『粵西府縣舊志叢書』的構成；第二階段是以整理本為基礎，將其中史料按現代學科視角分門別類，進行分類資料彙編。

本叢書編訂屬方志文獻的集成性工作，是分類資料彙編和地方文獻資料庫建設的基礎，故對整理對象不分內容粗細、篇幅大小、前後承襲狀況，均加以整理。整理方式為只分段、斷句、標點，而不校勘，文字忠實於底本，對底本明顯錯漏之處，一仍其舊，並以頁下注形式標示。舊志的斷句、標點工作，先雷州府部，後高州府部，先今湛江政區所屬各地舊志，後今茂名政區所屬各地舊志。

各舊志體例大同小異，名目不同，內容相類。各卷次排列及其所屬各門順序，始於《輿圖》，終於《藝文》。這一體制特點為舊志文獻的分類彙編提供了方便。同一府、縣不同時期舊志，後代志書對於前代志書內容多為承襲，補入前代志書所未涉及時間斷限中的史料。有的舊志編纂向後延伸到民國，有的只是至清代的某一個時期，如《石城縣志》和《海康縣志》都延及民國，而《遂溪縣志》僅修至清道光朝。舊志修纂和傳世狀況直接決定了府、縣史料的系統與否。資料的分類彙編，是將府、縣舊志中某一類型文獻編輯成卷，如《湛江舊志教育史料彙編》《湛江舊志海洋史料彙編》《湛江舊志文學史料彙編》《湛江舊志民俗史料彙編》等，以此作為地方歷史文化研究的課題選項和深層研究的依據。

本叢書的整理出版，得到湛江市文廣新局、廣東海洋大學科技處的大力支持，雷州市地方志辦公室、遂溪縣地方志辦公室在文獻資料上的支持也保證了整理工作的順利展開，出版方暨南大學出版社將本叢書列入其重點出版項目，亦是對整理工作的極大鼓勵。各舊志整理工作主要由廣東省雷州文化研究基地人員承擔，在先期文字錄入過程中得到廣東海洋大學文學與新聞傳播學院的學生幫助，在後期定稿時的技術處理上得到不少有關專家的指導，在此一併致以謝意。限於各種因素，雖然我們堅持以嚴謹審慎的態度對待舊志文本，並盡最大可能避免錯漏和斷句、標點問題，但仍然會存在這樣或那樣的不盡如人意之處，敬希讀者不吝指教，以便日後完善補正。

蔡　平

二〇一八年九月

『粵西府縣舊志叢書』凡例

一、今粵西湛江、茂名二市政區所轄，自古代至一九四九年前編纂之府志、縣志之刊刻本、鈔本等，均為本叢書整理出版對象。一地而成於不同歷史時期之舊志，盡予收錄，以明當地之沿革變遷與志書承續之脈絡。

二、所錄志書不論容量大小，均按府、縣傳世志書獨立分卷。

三、各志書整理，概以尊重原著、保持原貌為原則；原書之題記、序跋、圖版、註釋、引文等，悉予保留；不得不刪減之重複者，保留原目，以明全貌；原書字蹟漫漶，缺損嚴重者，據本地其他志書同類內容補入，以求完備。

四、部分舊志目錄與正文有異，均按正文釐定。圖版按原書所在位置排列，不作另行調整。

五、整理者按現行現代漢語規範對原書文字進行標點，一般不分段，原則上不作校勘，不出校記。原文明顯錯訛者保持原貌，以頁下注形式予以說明。原文使用的避諱字或缺筆字徑改，異體字一般不改，俗字均改為通行的繁體字。

六、各書有版本不同者，均以工作底本為基準作文字對勘；遇有內容較大差異者，擇其要者於『前言』中交代。

七、標點者所撰『前言』，主要交代編修者、修纂過程、内容、該書重要價值、整理工作情況，以及其他必要的説明等。

八、叢書採用繁體字竪排，原書用於敬稱、謙稱時之特定格式，均予取消。

九、各舊志原書在序跋、凡例、目録等的順序上多有不同，本叢書均釐為統一格式。

十、各舊志整理本目録包括兩部分：一是叢書總序、叢書凡例、整理者前言；二是原書各構成要素。原書目録融入整理本目録中，不再重複。

前言

徐聞之名最早見於《漢書·地理志》。漢武帝元鼎六年，伏波將軍路博德率軍平南越，置徐聞縣，隸於合浦郡。自此，徐聞以縣級政區見於歷代直接統轄的王朝正史和歷代地理總志中，這些極為簡略的載錄主要為政區沿革地理的零星書寫。直至明萬曆初張師益知徐聞縣事，才開啟了徐聞方志修纂的端緒，清宣統三年王輔之總前志所成而續結有清一代未竟之徐聞故實，徐聞舊志始得蔚為大觀。

一、歷代《徐聞縣志》的修纂

廣東省徐聞縣舊志，見於文獻載錄者總五部，屬明代者一部，屬清代者四部。今傳世者為清康熙二十六年抄本《徐聞縣志》、康熙三十七年刻本《徐聞縣志》、宣統三年刻本《徐聞縣志》。明人張師益於萬曆初所撰《徐聞縣志》及清人孫東暘於道光初所修《徐聞縣志》，均散佚。

明人張師益所撰，當為文獻記載的最早一部《徐聞縣志》。清阮元修《廣東通志》載：『《徐聞縣志》，明張師益撰，佚。』張師益，宜山舉人，明萬曆初知徐聞縣事。清閻如珆《徐聞縣志·名宦志》稱其『性醇雅，推誠及物。瘞枯骨，闢南湖，建魁亭，文運從亨。嘗創邑乘，以備文獻之考焉』。又閻如珆《徐聞縣志·職官志》：『張師益，宜山人，舉人，萬曆元年任，有傳。田舜耕，林桂舉人，五年任。』可知張師益任徐聞知縣，在明萬曆元年至萬曆五年田舜耕接任之前。其間，張師益增築縣城、辟月池、建魁亭、創邑乘，有大功於徐邑。『創邑乘』，即指《徐聞縣志》之撰。該志於阮元修《廣東通志》時已不見傳世。李默《廣東方志要錄》錄有此志，惟據阮元《廣東通志·藝文畧》所載，至其版本、體例、內容，均不詳。

清康熙朝修成《徐聞縣志》兩部，均得傳世。

閻如珆於康熙二十六年為《徐聞縣志》抄本作序，書當成於是年。阮元《廣東通志·藝文畧》不見載錄。閻如珆，山西絳州人，康熙庚戌進士，十九年知徐聞縣事。清嘉慶朝雷學海《雷州府志》序徐聞縣知縣世次，以閻如珆與孫抯為先後，孫抯知徐聞縣事在康熙二十八年，即在閻如珆修成《徐聞縣志》幾年後便因升任邳州知州而離徐聞知縣任，其在徐聞知縣任上長達十年之久。任期里，閻如珆頗有建樹。康熙二十一年，與雷瓊道程憲、知府沈聯鑣、同知竇日嚴、儒學教諭丘琳、訓導韓偉猷、典史劉弘基、巡檢張三秦、沈綸等重整儒學；康熙二十五年，重修縣署之儀門、譙樓。又因『性慈祥，不尚刑威，撫凋殘遺黎，惟恐失所』，而頗傳惠愛之聲。關於修《徐聞縣志》，其抄本《序》有言：

余自庚申蒞斯土，甫下車，即訪所以成書者，紳士里老率皆茫然以附入郡志對。……豈徐從無是書，抑遭變故而湮沒無遺也。今國家文教迭興，麻烈丕著，奉行採訪，猶幸有郡志之存。其間山川、城郭、風俗、貢賦之不一，亦既昭然備具，爰咨紳士，編輯成書……是役也，毋爲其誕，毋爲其妄，一憑郡志所載者，有則書之，無則缺焉，纂其事彙其目，編次貫條，以成一邑之書，毋滋後疑斯已矣。若自康熙壬子之後一十餘年事故，則宜續郡志之所不逮者，夫誰曰不可。邑明經吴平、金耳鼎，庠士鍾以經、柯作舟交手而編輯。既成，董事者則學博丘諱琳，余見其誕與妄之是絕也，樂觀厥成云爾。康熙二十六年，歲次丁卯暮春之吉，賜進士出身，文林郎知徐聞縣事古絳閻如珆撰。

這段材料的内涵有五：一是，在康熙十九年之閻如珆蒞任徐聞知縣之前徐聞已有縣志之修，衹因遭變故而湮沒，未能傳世，也表明康熙十九年時明人張師益所撰《徐聞縣志》已佚。二是，修志的直接原因，乃在於康熙前期朝廷大興文教。『時修《大清一統志》，省檄各府州縣修志呈繳，因而邑令閻如珆進行纂修。』《御製大清一統志·序》謂：『聖祖仁皇帝始命纂修一統志，世宗憲皇帝重加編輯，至高宗純皇帝御極之八年甫獲竣事』。上海古籍出版社二〇〇八年一月據《四部叢刊》續編本影印《大清一統志》出版説明稱：『清代編修《一統志》前後凡三次，初修於康熙二十五年。』閻如珆修《徐聞縣志》於《一統志》始修不久即告竣。三是，雖然閻修《徐聞縣志》時並無前代志乘之遺存可供採錄，但幸有康熙十一年吳盛藻所修《雷州府志》可資借鑒，即將《雷州府志》中有關徐聞的事蹟加以編次條貫，而成康熙十一年以前的縣志格局。閻修《徐聞縣志·跋》即有『乃徐志久缺，爰引郡志所載，成書以獻』之語。四是，編纂的原則為所有採入縣志者，一依《康熙雷州府志》所載，郡志有則實錄，郡志無則闕如，不為怪誕和虛妄之語。五是，康熙十一年至二十六年之徐聞史事，則通過採訪邑之紳士而獲取，以作為對《康熙雷州府志》所不逮之徐聞縣事的續補。

今存康熙朝另一部《徐聞縣志》，為孟縣人孫挹所修。阮元《廣東通志》卷一九二《藝文畧四》：『《徐聞縣志》四卷，國朝孫挹修，存。康熙戊寅。』孫挹於康熙二十八年知徐聞縣事，《志》成於康熙三十七年。其《序》曰：『細閱舊志，實不無殘□之感，而可聽其廢墜耶。況聖天子嘉惠元元，昇平日久，建制之規模稍立……有則書，無則闕焉，以供學士大夫之採擇云爾，後之牧因而更新之。康熙三十七年歲次戊寅季冬之吉，文林郎知徐聞縣事孫挹撰。』孫挹乃有感於舊志殘缺而修撰。《廣東歷代方志集成·雷州府部七·康熙三十七年徐聞縣志》為據《故宮珍本叢刊》影印，原本字跡漫滅，殘損嚴重，影印本亦多內容失次與淆亂之處，文獻價值不大。孫挹在徐聞知縣任上為時較長，自康熙二十八年知縣事，直至四十二年李耀接任，為官聲績頗著。《宣統徐聞縣志·名宦》有傳，稱其『以清簡為治，力除繁苛，勞心撫字，教養兼舉。招民開墾，而田疇日辟。三修學宮，而文教振興。民沐子惠之仁，士食栽培之澤』。

徐聞縣的第四部舊志出於道光朝，為道光三年知徐聞縣事孫東暘所修。據宣統三年王輔之《重修徐聞縣志序》，道光朝孫東暘所修縣志，於宣統初即已殘佚不堪。其曰：『徐聞舊志，自道光初經前令孫君東暘續修後，至今幾將百年久未續纂。不惟原板散失，即世家舊族間存抄本亦多模糊錯漏，難於披覽。』今此志已佚，惟賴《宣統徐聞縣志》卷之首編入《知縣孫東暘徐聞縣志序》，方約略可知其修志之事。該序曰：

余宰是邑七載，於茲覺撫字之未周，徒蹉跎夫歲月。若於是書之殘闕，而任其廢墜，余滋愧矣。今擬因舊志而增補之，將以政教之修明，示鴻章之美備，以便士大夫之採擇。是邑乘，無異國史也。謹識弁言，以商同志。惟冀諸君子各抒所聞，以資採輯，以襄厥成。不特余之厚幸，亦諸君子之光也。

自道光三年任徐聞知縣，歷七載，孫東暘覺已為官徐邑，深有蹉跎歲月之感，尤愧於志乘的廢墜，乃因舊志而增補為新修《徐聞縣志》。故孫東暘所修《徐聞縣志》，當始於道光九年，其何時離任及志成於何年，均不詳。孫東暘《序》並非撰成時為之，而是類似於修撰之初的一個通告，有動員諸君子徵集史料之意。關於孫東暘事蹟，《宣統徐聞縣志·名宦》有傳，稱其『勞心撫字，注意修文，創立賓興，以培士子，纂修邑志，以光來茲』，在徐聞知縣任，甚有口碑。

徐聞縣舊志距今最近的一部，為宣統朝徐聞知縣王輔之所修。王輔之，山東曹州人，宣統三年春甫任。初到任一月餘，主要用力於料理縣內紛繁之政事，其後便首先捐資，並得到邑中諸紳士之回應。編修之事起於宣統三年夏四月，至八月而告成。撰成於宣統三年八月癸卯的《重修徐聞縣志序》曰：『隨於首夏某日設局開辦，舉諸紳中之公正明達者經理其事，延此間學富文純之士博採旁搜，分類編輯。輔之公餘之暇間亦赴局商酌。』該志總成為十五卷，首一卷。究其內容而言，『大略因前志之舊，而少增潤』，李默《廣東方志要錄》認為，『此志體例，仿道光《廣東通志》，立典謨為卷之首，其沿革、建置、職官、選舉、藝文等門，悉依舊志續之』。王輔之為有清一代徐聞縣的最後一任知縣，其在任未及一年，而帝制即被推翻。《宣統徐聞縣志·職官》也編入了他自己的簡明小傳，故其在《序》中稱『輔之之蕪陋，亦得因此志之傳傳』。

二、《徐聞縣志》的承續及其文獻價值

張師益《萬曆徐聞縣志》成於萬曆元年至五年之間，於徐聞縣舊志之修有開創之功。因早在康熙前期即已散佚，其依傍於前代何種志書，無從考知；閻如珆於康熙二十六年修成之《徐聞縣志》，亦無從可依。故閻志之修，只能依憑成於康熙十一年吳盛藻所修《雷州府志》，閻志《序》稱其『一憑郡志所載者，有則書之，無則缺焉』。所謂『有則書之』，亦非全無改變。以《康熙雷州府志·民俗》與《康熙二十六年徐聞縣志·風俗》相較，對於『徐之俗』，後者在書錄前者時，省去『性悍喜鬥』之語。在作為徐邑知縣的閻如珆看來，此語雖是客觀，卻不無貶損之意，亦可見其對郡志中評述性言論是有所甄別與選

擇的。又如對『徐之言語』的轉錄，府志以『雷之語』領起，縣志則以『徐之言語』起頭，其後之敘『官語』『東語』『黎語』之文全同，在他看來，徐邑之言語即雷郡之言語。雖然，閻如玿《徐聞縣志》之修本於吴盛藻《雷州府志》明矣。孫扌邑《徐聞縣志》成於康熙三十七年，其《序》所言『細閱舊志，實不無殘□之感……有則書，無則缺焉』。那麽他細閱的殘缺舊志是指什麽呢？從今傳世的《康熙三十七年徐聞縣志》殘本來看，總體上版面殘損嚴重，其中相對最爲清晰且可辨識的較成規模的部分是《兵防志·屯田》。將其與《康熙二十六年徐聞縣志·屯田》相比，其内容完全相同。另外從二志的《藝文志》部分看，先文後詩，文之順序依次是明鄧邦基《月城池記》、明鄧宗齡《平南碑記》、明鄧宗齡《新築東河記》、檢討鄧宗齡《天妃廟記》、明探花劉應秋《貴生書院記》、清知府吴盛藻《徐聞産神芝記》，全同無異。《康熙三十七年徐聞縣志》於《徐聞産神芝記》之後補進清同知裴國楨《建海安公館記》《巡邊記》二文，前者見於《宣統徐聞縣志·藝文》。詩的部分亦幾無不同。又對比其他各卷文字，凡可辨識者均同。由此可知，孫扌邑所細閱之舊志多半應是閻如玿《徐聞縣志》，然似乎又有疑問，自康熙二十六年至康熙三十七年，僅十年之餘，閻志何以殘缺到孫扌邑所言之狀？既殘缺，何以今傳之抄本又如此之完整？其原委難知，不過孫扌邑所修縣志除康熙二十六年後之史料，乃依據閻如玿縣志是肯定的。

孫東暘《徐聞縣志》始修於道光九年，自康熙三十七年至道光九年，其間一百三十多年未有縣志之修。孫《序》曰：『自康熙三十七年孫前縣纂修之後，歷今百數十年，舉凡輿地、水利、賦役、兵防、宫室、禮儀、人物、選舉以及城池之廢興，政治之沿革，皆略而不可考。過此以往，吾恐世遠年湮，老成代謝，當年時事不幾泯滅不彰耶。』孫東暘有感於舊志的殘缺廢墜，又焦慮於一百多年間世事的湮沒，乃修縣志，其所本舊志主要是孫拖之志，或亦有閣如珆之志。其更大貢獻當在於康熙三十七年後的『續志』部分，然此志散佚，其格局不得其詳。自道光九年孫東暘《徐聞縣志》至王輔之於宣統三年之修，為時又是八十多年，孫志原版散佚，民間傳抄者亦多錯漏與模糊，基於同前代修志知縣同樣的考慮，對前代舊志有者則因之，而少假增潤，採錄故事而權衡輿論。對於晚清近百年徐邑史事，委之於學富文純之士博採旁搜，所成十五卷《宣統徐聞縣志》，既是集大成之作，又可謂徐聞舊志之完善者。該志為宣統三年閏六月由徐城錦文齋林和棟承印鐫刻，版面清晰，字跡疏朗美觀。另有民國二十五年鉛印本。

古之雷州素稱『天南重地』，而徐聞為雷州屬縣，在府之南裔，可謂南之又南之地，是扼瓊州海峽的咽喉要道。衆所周知，區域歷史文化研究與描述，主要的是依據地方文獻，而地方文獻中方志又是最為重要的部分。現今關於徐聞歷史文化的學術書寫，更多傾向於現代學科意義上的宏大觀照，是由外向內看徐聞，所看到的結果往往是較為單一的海洋文化視野下的海上絲綢之路始發港問題。有時則是流寓文化研究視角的，是歷代士宦南往瓊州必經之地的歷史地理或文學考察。由商務印書館所出《大漢徐聞兩千年》一書，主要着眼於徐聞歷史沉積的挖掘與呈現。從其第二章《歷代史志和文獻記載》看，所錄編文獻主要分為三部分：一是歷代方志載錄；二是歷代正史史料；三是歷代地理總志的書寫。第二個板塊的內容是徐聞考古發現。第三板塊為當代學者的徐聞港海洋文化專論。除徐聞考古發現而外，其他部分無不是建立在國家全域視野下的徐聞文獻史料。歷代正史對徐聞的載錄幾乎全部體現在《地理志》中，其中的文獻史料數量甚至不及歷代地理總志的載錄。徐聞港海上絲綢之路的問題，也是從歷史地理研究中派生出來的。如此看來，對徐聞歷史文化遺産的整理與描述，已近乎褊狹，這與歷代《徐聞縣志》的徐聞呈現是很不協調的。實際上，僅以《康熙二十六年徐聞縣志》為例，其中便提供了歷史地理（縣圖、疆域、山川）、城市史（建置、公署、城池）、民俗（風俗）、災害（災祥）、海洋物産（物産）、稅制（貢賦）、教育（學校）、宗教信仰（祠祀、寺觀）、軍事（兵防）、人物（職官、名宦、鄉賢、人物、烈女、流寓）等，涉及一個地區經濟社會發展的各個向度，而且其中多數未為歷代正史和地理總志所提及。故除歷史地理和歷史上影響較大的流寓人物以外，其他各領域的研究，《徐聞縣志》所載錄的史料幾乎是唯一的文獻源了，其對本土歷史文化研究的支撐作用和文獻價值無可替代。

蔡平

二〇一八年七月

目錄

序

邑之有志，猶國之有史也。國不可一日而無史，而邑可一日而無志哉。余自庚申蒞斯土，甫下車，即訪所以成書者，紳士里老率皆茫然以附入郡志對。嗚呼，郡有郡志，邑有邑志，邑可以附郡，將郡可以附省耶。豈徐從無是書，抑遭變故而湮沒無遺也。

今國家文教迭興，麻烈丕著，奉行採訪，猶幸有郡志之存。其間山川、城郭、風俗、貢賦之不一，亦既昭然備具。爰咨紳士，編輯成書以進。僉曰：事援乎古而創於今，則宜詳宜畧，爲煩爲簡，筆削蓋難乎其人。余曰：非也，志所以傳信也。夫執一事，而目所未見，耳所未聞，未敢信以爲然者，而况立千百年之下，懸揣千百年之前。將侈博辨以餙觀聽，文則工矣，而情不虞其誕與。或立獨斷以標新奇，意則美而實不虞其妄與。是役也，毋爲其誕，毋爲其妄，一憑郡志所載者，有則書之，無則缺焉，纂其事彙其目，編次貫條，以成一邑之書，毋滋後疑斯已矣。若自康熙壬子之後一十餘年事故，則宜續郡志之所不逮者，夫誰曰不可。邑明經吳平、金耳鼎，庠士鍾以經、柯作舟交手而編輯。既成，董事者則學博丘諱琳，余見其誕與妄之是絕也，樂觀厥成云爾。

康熙二十六年，歲次丁卯暮春之吉，賜進士出身，文林郎知徐聞縣事古絳閤如珆撰。

凡例

一　輿圖，無改，而創置以時。順治丁亥後，沿革多端，事紀不一，視舊加詳焉。

一　疆域，原有定位。康熙甲辰遷海，有昔入版宇暫爲曠土者，展界以來，則仍是一帶河山矣。

一　山川，依然如故。惟里居稀稠不一，荒闢各半，永免爲遐陬僻壤之區，紀之以得振作。

一　建置，自定鼎以來，百發〔二〕未舉，惟有關于國家大典制者，次第修復，其餘古跡遺踪，尚容聿觀厥成。

一　公署，不無興廢，今或依原設，或屬新例，或從何時修舉，均紀之以備覽焉。

一　城池，徐雖小邑，而海安、錦囊所附焉。凡城樓窩鋪傾圮者修之，而鄉村、墟市、橋梁等俱見寥寥，未盡起色。

一　風俗，儉朴。衣冠倫物一如中州。誦讀詩書又屬正語，獨人心尚巫，移風易俗之道，尤當望之主持。

〔二〕發，當作『廢』。

一　災祥，徐地高燥，不苦海鹹，惟驚歲旱。大害無如虎豹，禎祥間或有見。

一　物産，亦甚衆也。海出魚鹽，田多粟米，此其大端矣。至于菓木、藥品、鳥獸、珍奇間有一二，亦必列之志中，以見風土之不相侔耳。

一　貢賦，乃足國攸關。緣數年以前，干戈竊發，地多荒蕪，不惟正供不能增，即税課亦是措辦。司農仰屋之嗟，徐實爲最焉。

一　學校之光，宜先富庶。徐自開科以來，選舉無人，豈真風氣之衰哉，實由土瘠民稀之故耳。今哀鴻初集，奉設社館月課，庶幾，文運漸興。

一　祠祀，所以祈報，亦正所以安民生也。凡諸有功於社稷者，祠之於壇壝廟宇。徐地荒蕪，廢弛者多未盡修復。

一　兵防，爲邊疆大事，非此何以衛民。今設水師營汛墩臺，布列碁置，視舊更加嚴密矣。

一　職官，分鎮爲治民而設。尊卑大小，無一不具，刑政各有專屬，捍衛毋庸歧視。

一　名宦，不分崇卑，賢而功德在人者傳之，見任雖賢者不傳，嫌於諛也。

一　登仕，關乎國家賢否。苟制行素優，鄉評無玷，豈生焉則榮，而沒則已歟。未仕者，求信于斯；在官者，尤當加勉。

一　人物，亦不易居掄秀書，升典制，固煌煌矣。使其人而有一長可録例，亦得以附之青史，名實固可忽乎哉。

一　烈女，實出於至性生成，斷非襲取者所得。恍惚其一二人曰：巾幗之流，毋足怪也，而不知忠肝義膽，尤出於尋常之外、旌表之典，所以特嚴。

一　流寓，非志其地也，地蓋以人傳耳。前代以來，凡諸物望所經歷而至止者志之，即有次於其人者，亦不得不並及之以備考。

一　寺觀，爲清淨之地。徐雖無大叢林僧舍，亦即事記事，庶幾見禅門之興道教，皆不容泯沒於其間者。

一　藝文，爲國之華然。有關於邑中事者，方敢採入。至於古跡外志，亦博物者所不廢，因畧載之。

縣圖志

縣之輿圖，在府屬西南百六十里，龍虎之石峙焉。其地阻海觀濤，三墩前開星鏡，尖嶺、雙髻後擁翠屏，瓊島外迎，亦壯觀也。錦囊、海安，天造門戶，航海利涉，此其要津矣。

東北至錦囊所一百里抵大海
北至調延邑八
徐聞縣圖
錦囊所
錦囊倉
寧海巡司
積善鄉
英利驛
尖山嶺
公舘
徐聞縣
按察司
布政司
伏波廟
醫學
際留倉
預備倉
觀濤舖
成化菴
踏磊驛
海安所
海安倉
東至黃塘九十里
抵大海
東南至海安所二十里抵大海渡瓊州
南至那黃二十里抵大海渡澄

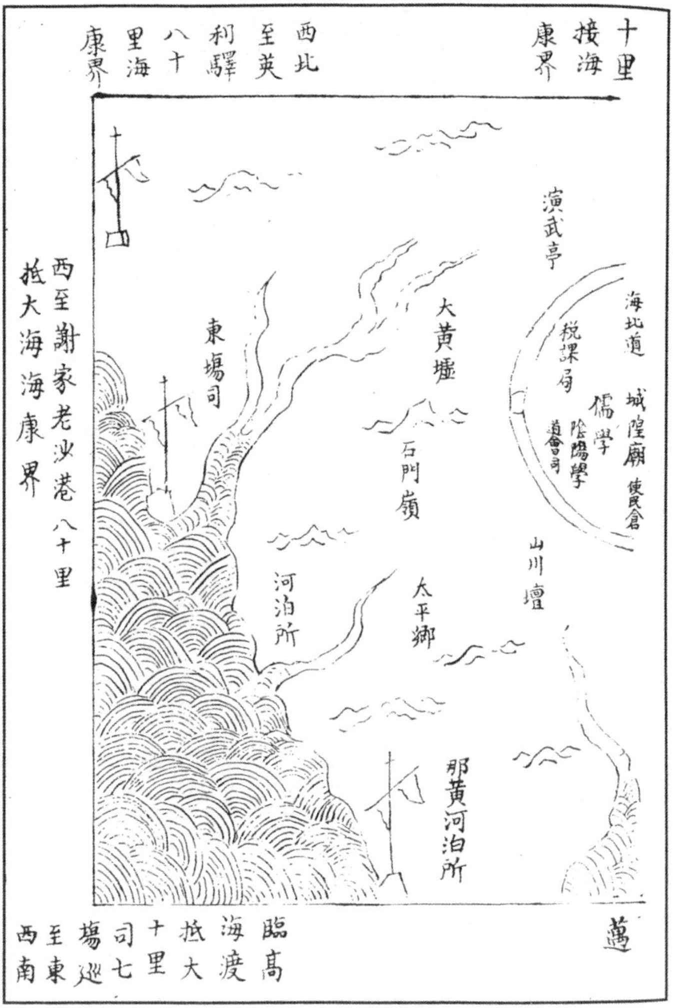
十里接海康界
西北至英利驛八十里海康界
西至謝家老沙港八十里抵大海海康界
臨高海渡抵大十里司七塲巡至東西南
邁
演武亭
海北道
税課局
城隍廟
儒學
陰陽學
道會司
使民倉
山川壇
大黄墟
石門嶺
東塲司
河泊所
太平鄉
那黄河泊所

縣圖說

縣自縣治至府城一百六十里。

東至黃塘海岸九十里。

西至流沙港海岸七十里。

南至踏磊海岸二十里。

北至海康縣界八十里。

東南至海安所二十里。

西北至海康縣界八十里。

西南至鵝豆港海岸六十里。

東北至錦囊所一百里。

疆域志

古者宇內九州。舜即位，析之爲十二。蓋地廣則政難周，如呼邪許者，衆負之則其趨也，便勢使然也。周有天下，建諸侯千八百國，秦併之，置郡。粤歸漢後，雷統屬焉，中間或分或合，紛若棋枰。至明，始定爲三縣。我朝鼎興，仍如舊。徵而紀之，亦因革之軌也。曰徐聞者，郡志云：徐聞迫海，濤聲震蕩。曰是安得徐徐而聞乎。此徐聞所由名也。

徐屬雷縣，漢武帝元鼎六年，遣伏波將軍路博德平南粤，置徐聞縣，屬合浦郡。粤相呂嘉殺使及粤太后謀反，帝遣將討平之，以其地爲南海、合浦等九郡，徐聞縣屬焉。光武二十六年，交趾、南粤仍屬合浦郡，督於交州。時交趾有女子徵惻[一]、徵二反，九真、日南、合浦諸郡皆應之，帝遣伏波將軍馬援發兵討平之。三國屬吳，因之。至宋，屬越州。齊分置徐聞爲齊康郡。梁武帝大通中，屬南合州。梁以徐聞爲合州，續加南字爲南合州。隋罷郡，改縣曰隋康，屬合州。唐貞觀初，復爲徐聞縣，屬雷州。宋開寶初，併入海康；紹興中，復置。元明仍舊。國朝因之。

〔一〕 惻，當爲『側』。

武帝元鼎六年冬十月，遣伏波將軍路博德、樓船將軍楊僕討平南粵，置七郡：南康〔一〕、蒼梧、鬱林、合浦、交趾、九真、日南。立徐聞縣，屬合浦郡。東漢建武二十六年，交趾女子徵側、徵二反，遣伏波將軍馬援平之，畧地至雷。

齊永明中，改徐聞縣爲齊康縣。

梁大通中，分齊康縣置合州。

隋開皇十年，改齊康縣爲隋康縣。

唐貞觀元年，改合州爲東合州，復徐康爲徐聞。

至正十五年，土賊麥伏來、張子三等據遂溪、徐聞以叛。十九年，化州路樞密院同僉羅福領兵擊麥伏來等，克之。雷屬平，陞福宣慰司都元帥。

明洪武元年，命征南大將軍廖永忠年〔二〕嶺南，羅福以全郡來歸。遣指揮張秉彝戍雷，改路爲府，仍以徐聞爲屬邑。二十七年，命安陸侯吳傑、都督馬鑑視雷要地，在徐則立海安、錦囊二千戶所。

弘治十四年，徙徐聞縣於賓樸。

正德五年，築徐聞縣子城。

〔一〕南康，當爲「南海」。

〔二〕年，當爲「平」。

國朝順治四年二月，大兵至雷。雷州參將蔡奎迎降，副將汪宗弘同黃海如入鎮雷。未幾，黃海如叛去，後駕舟南渡刧雷，蔡奎兵爲內應，遂陷雷城。汪宗弘出走，黃海如據雷州。先自有明監軍古鼐、都督孫時顯帥狼圍雷州，不克。海如通蔡奎家丁，內應攻雷，遂據雷州，自稱官保。雷人陳仕陞、張彪爲之瓜牙，富者破家，貧者斃命。徐人之害，實始於此。

六年，都督閆可義帥師撫定雷州，破黃海如於平岡坡，海如敗遁，下徐駐扎，屠戮士民，運米浮海而去。九年，徐聞大饑。徐聞自壬辰癸巳，土人張彪與駱家兵相殺，連年不解，斷耕種，大饑，瘴發，闔室而死，百存一二。

國朝康熙元年冬十一月，建海安所城。設高、雷、廉三府水師副將，轄兵二千五百，統戰船援剿三府。三年，詔再遷海。移白鴿寨水師駐扎海安，嚴詰海禁。徐三面距海，被遷甚衆。

七年冬十二月，總督部院周有德巡撫雷州。展界，復海安所水師於白鴿寨。

十年，復水師哨船，分隸白鴿寨、海安營。

十四年，僞兵變亂，刧掠城市鄉村，民無逃生。

十七年春三月，海賊楊二盤踞下寨，徐地極慘。上與府城兩不相通，士民大失天日。十二月，大兵渡河剿滅，賊仍歸海，地方始定。

山川志

地至徐極矣。自北至瓊，順風揚舲，三時可至。惟度數已別，而地勢之卑，視徐不知倍蓰。昔人謂地形欹，信矣。近海多風，匪獨都邑、墟市每不自固，而且水寇紛擾，出沒無常。戊午以前，民不安枕，宦遊行旅，南北大相徑庭矣。雖然，奇峯峭壁，縱無可觀，而荒草密林，猶堪遁跡。是以百里微區，故得同瞻化日也。

縣城北五十里，曰雙髻嶺。高二十仞，廣五里。兩峯並峙如髻，故老傳云，昔有遊士題其山曰：年年常喚作丫頭，何不梳粧出嫁休。筆忽乾，下澗取水。山神續云：只爲尋媒未曾得，巖前空立萬餘秋。

七十里曰石灣嶺。高五丈，周圍十里。其山石壁巉巖，形勢屈曲，上有流泉。

其傍曰龍牀嶺。高二十餘丈，周圍十里。山麓產良薑，形如龍牀，故名。

九十里曰尖山嶺。高三十丈，周圍五里。於郡山中巍然時起，其巔尖小，有泉極清。爲縣治後山。

東北二十里曰高山嶺。高五丈，周圍四十里。爲縣左臂。

七十里曰石界嶺。有石壁如牌，高二丈餘。

其傍爲佛屠嶺。高二十丈，周圍十餘里。頂圓如摩陀佛，因名之。

東三十里曰耳聾山。高十丈，廣五十里。樹木叢茂，樵木者呼不相聞，故名。
八十里曰屯雲山。狀如屯雲。
九十里曰三源山。高十丈，廣一十餘里。山麓有三源泉。
一百里曰甃鍪嶺。高十丈，周圍二里。嘉靖四年五月，鳳來於茲，逾旬而去，謫丞林應驄記其事。
西八里曰石門嶺。高十丈，周圍十里。二石對峙，儼若門闌。嶺際有塘，秋冬水常不竭。
東南十里曰觀濤嶺。踏磊驛背，山高三丈，周圍一里。行人至此，渡海觀波濤之湧，故名。
南十里曰梁童山。二十里曰二十四墩。踏磊龍脉稍大，衆墩旋繞。
三十里曰冠頭嶺。高十丈，周圍十餘里。盛産良薑。絕頂遠望之如冠，故名。
西南三十里曰孤超嶺。高三丈，周圍二里。上有玄帝廟，鄉人禱雨輒應。
南二十里曰小遂山。突起海中，高十五丈。
其傍曰三墩。在海中，一墩有獨樹異種，四時常清，舊有龍王廟，今圮。
北十里曰葫蘆溪。源出於風流塘，經葫蘆橋南流，會大水入海。
二十里曰北山溪。西流入於港。
西北三十里曰頓吞水。源出龍摹山，灌南償洋田，流經那網橋，合濂〔一〕濱水。

〔一〕 據下文「廉濱水」，當爲「廉」。

四十里曰廉賓水。源出馬鞍山，流至那網橋，合呑水〔一〕，過青桐，至流沙港入海。
四十里曰那泠灘。
六十里曰遇賢溪。源出雙髻嶺，流經過遇賢鋪，合南包。
七十里曰南包溪。源出雙髻嶺，過南包鋪，前去欄馬，合遇賢水，流出流沙港入海。
東八十里曰益色溪。即大水上橋，流下至一里許，有龍窟，出水清泠，旋繞爲潭。遇旱赴此，迎水求雨。
十里曰大水溪。源出龍牀山，流接大水下橋，南經海安城東門外入海，號爲靈山，鎮海灘。
二十里曰龍潭。源出黄家村，至此旋廻爲潭，流向海，入海。
四十里曰邁勝溪。源出東松，流下，南經自博賒村入海。
七十里何家灘。自六齊村，灘高二丈，内碎硐，寬三丈。故老相傳，右有僊人，圍棋其中。天將雨，灘聲徹三四里外。
一百里曰水吼灘。自古震村，南奪入海。天將雨，則水吼。
十五里曰古源水。
南十里曰博黎水。在縣西南。

縣之港有七

〔一〕當與上文同，爲『頓呑水』。

曰青銅港。西三十里，接北山溪。

曰乾窖港。西四十里，自海口入觀昌村。

曰東塲港。西五十里，自海岸入東山。

曰那黄港。南二十里。

曰博漲港。東南十里。

曰麻崙港。東南三十里，風濤泊天，寇舟不敢。

曰青灣港。東南二十里，宋韓魏公琦曾孫約貶瓊南，攜三子，留二子於白沙，家焉，復葬於青灣。七世孫顯甫，刊公成子孫詩于墓側，今碑存。

縣之井十有七

曰石神井。縣東北十里，那良村。復洪武間浚，傍有神廟石像。

龍井。西七十三里，那松村。

邁本井。東二十里。

石馬井。東三十里。有馬夜食禾，追者見入井。隨尋井内，有石似馬，刻之曰石馬之神。

英含井。北門井，洪武間浚。

六角井。東南三十里，和福村。

洊村井。東南三十里。

篤牛井。東五十五里。

潘家井。東六十里，水常溢。

那堍井。東六十里。

塘北井。東十七里，流灌田百餘頃。

赤坎井。東七十里，與海潮源出，不鹹不竭。

討南井。西二十里，泉湧溢，灌那社田數百頃。

那博井。北七里，源潔，流合葫蘆橋。

陳家井。縣内石馬坊，宋時浚。

麗澤井。在學前。

潭腦井。在縣東南十里，潭腦村。

貞女臺。石門嶺上。有女守貞不嫁，及沒，鄉人築臺祀之。今廢。

賓陽堝。舊名賓包。南四里許，有神祠，久廢，今址存，旱禱雨頗應。

龍爬石。舊縣五石齋埠，其石枕海岸。宋家〔一〕定元年，天大雨，雨龍經其地，爪痕在石，鑿泉從石湧出，遂爲澤。

駙馬墓。駙馬陳以鎮，十六都人，與公主偕行，薨，葬縣六十里都教村塾尾。前有明堂，石砌猶存。

宋公主墓。在縣東三十里邁稔村。傳云：公主偕駙馬陳以鎮，薨，以從者殉墓前，尚公主并見存。

知縣平鋼墓。弘治，鋼卒於官，力不能歸，遂葬於縣，土名觀濤。嘉靖戊申，合方逢堯，改葬邁亭。

〔一〕家，當爲「嘉」。

建置志

賈生有言，廉遠地則堂高。古者里社、亭驛悉設之長。邑有令，郡有守，上及連帥，總挈要領，天子加焉，故尊也。大小之職，各有位置，以旌厥事。雷爲列郡，自有城池來，府縣之治尚矣。臺使者稅節海隅，嶽牧分釐，亦時至止館署，蓋可缺乎哉。傳問郵遞，濟問橋梁，式瞻問坊表，皆徐所不廢也。

塔宇

登雲塔。在縣東門，七級。萬曆四十三年，縣令趙一鶴定基。天啓三年，縣令應試虞方成。復於塔邊建登雲會館三座，祀文昌，課文士之赴科者，則餞於此。

在茲閣。在登雲塔邊，前後三座。崇禎十年，縣令吳國斗建。今圮。

申名亭。縣樓左。今廢。

旌善亭。縣樓右。今廢。

總鋪。在旌書〔二〕亭南。今廢。

分司。在縣治儒學東。今廢。

公館。分司東。今圮。又海安所一座，英利驛一座。今俱廢。

陰陽醫學。縣西登雲坊。今廢。

道會司。縣南。今缺。

義倉。凡二處，俱在分司東。今廢。

預備倉。今廢。

際留倉。在貴生書院東。今廢。

海安倉，額設大使一員。久裁。

錦囊倉，額設大使一員。久裁。

寧海司，額設巡檢一員，吏一名，弓兵八名。縣東十七都一百里。

東場司，額設巡檢一員，吏一名，弓兵八名。縣西十三都七十里。

英利驛，額設驛丞一員，吏一名，夫四名。在縣北八十里，久裁。

踏磊驛，額設驛丞一員，吏一名，夫四名。縣東南二里，久裁。

〔二〕當爲「善」。

縣坊表十二

承流。今圮。

宣化。縣治前。今圮。

節愛。縣東西。今圮。

騰蛟。今廢。

起鳳。學東西。今廢。

挺秀。爲舉人劉直卿立。今廢。

雙桂聯芳。爲舉人陳素蘊、陳文彬立。今圮。

雙鳳齊鳴。爲同科舉人鄧邦基、鄧邦髦立。今圮。

登科。在海安所，爲天順舉人陳元立。

來鳳。嘉靖謫丞林應驄爲五色鳥立。今廢。

都閫提刑。十七都黄塘村。正德間，爲斷事黄政。今圮。

登科。在縣治西，爲舉人駱效忠立。

縣驛二

在海安所城中，曰踏磊。

在縣北十六都，曰英利。

鋪遞　今改爲塘

英利鋪。

南包鋪。

遇賢鋪。

三篤鋪。

濂濱鋪。

蘭灘鋪。

中伙鋪。

二鋪。

頭鋪。

縣前鋪。今改徐聞鋪。

觀濤鋪。

海安鋪。

大黄鋪。今缺。

包篭鋪。今缺。

公署志

縣治，元年[一]元二十八年遷今地，廨宇無記。

洪武初，知縣武亮鼎建。至天順六年，毀於寇。

弘治辛丑，知縣平鋼復建，規模草創。

正德四年，知縣汪澤重建，衙宇稍備。

嘉靖丁未，知縣方逢堯擴而新之。中爲正堂，東爲庫，西爲幕廳，後爲川堂。堂左爲丞廳，右爲簿廳。兩郎[二]爲六房。折而西南，爲典史衙。簿廳南爲架閣庫，今廢。萬曆八年裁革，無丞簿，因居丞典史衙爲攢造局，今廢爲戒石亭、爲儀門。左神祠，祠前爲賓館，知縣蔡宗周改建。右爲禁獄，前譙樓。

國朝康熙五年，知縣王玉鼎重修縣堂。時有土木之病。

康熙二十五年，知縣閻如珆重修儀門并譙樓。

[一] 當爲「至」。至元，元世祖忽必烈年號。

[二] 當為「廊」。

按察司公館，在學東，正廳、川堂、頭門、二門規模整肅，以供上司往來。順治七八年，盡廢。
中伙公館二座。今廢。
英利驛公館二座。今廢。
縣從無城守。順治年間，方買陳知縣屋二座，門樓一座，前後左右皆士民舊地。
千總公署。系鄧舉人住基，順治年買置。
公鋪。系生員鄧喬儀住屋，順治年間買置。
儒學公署。系教諭丘琳建。
捕廳公署。系民屋，順治年買建。

城池志

鄉村　埠市　津梁　堤涵附

縣城。漢元鼎，置縣海濱討網村。元至元二十八年，遷賓樸，未有城。即今治。

正統三年，知縣李鶩始築土城。天順六年，遷入海安所。時西冦剽掠平真城而墟之，故遷。

弘治十四年，知縣平鋼申覆賓樸，創石城。民苦軍桀鶩，思故土，故鋼復。城之周圍六百餘丈。

正德五年，知縣汪澤、主簿程子厚因城垣崩塌，重砌雉堞。周圍六百丈，高一丈四尺。爲門四：東曰寅賓，西曰振武，南曰太平，北曰未定。

嘉靖十二年，知縣朱夢昌增修。

萬曆元年，知縣張師益。增高三尺，濶八尺。

萬曆十一年，知縣蔡宗周。增高城一尺五寸。

嘉靖十九年，縣丞彭瀾濬海安守禦千戶所城，在徐聞縣張村。

明洪武二十七年，吴傑創立。弘治間，千戶徐真重建。千戶守禦所城，在徐聞縣新安村。

嘉靖四十五年，添設月城。三門俱添建月城，周圍各十三丈。

萬曆三年，知縣張師益增築。周城增高三尺，復建敵臺十二丈，高四丈，濶如之，覆以瓦。舊南門在縣治西，至後改縣前，扁曰『民安物阜』。

萬曆五年，知縣田舜耕加修。耕見土性易塌，實以粗石，重加築建。

萬曆二十五年，知縣張大猷重修。於月城各攜石頭，東南曰若時，西曰有成。

崇禎十二年，知縣吳國斗詳將文廟前建子城，開文明門。是科丙子獲雋者二人，乙酉科獲雋者三人，嗣因亂門塞。

海安所。在縣南博張村，吳傑連城。周圍五百一十七丈，高一丈三尺。弘治年間，徐其重建。

錦囊所。在縣二十八都新安村，亦吳傑創城。周圍四百八十丈，高一丈八尺。萬曆二十二年，地震，城頹，指揮馮萬春重建。

縣之鄉三，都八。其屬於鄉者，爲社十六，爲村十有一。舊圖九十二，天順間廢六十三。嘉靖十一年，增海南流民於二十八都，名曰新興。今共圖三十。

在城。圖二十一，與二。

仁政鄉。在城，圖一。

十二都。縣西北一百二十里，舊圖四，今圖一。

十三都。縣西南十里，舊圖十二，今圖四。

太平鄉。縣西附郭三里。

十四都。縣西南二十里，舊圖十九，今圖四。

十五都。縣北十里，舊圖七，今圖一。

十六都。縣東南四十里，舊圖二十五，今圖七。
積善鄉。縣東五十里。
十七都。縣東五十里，舊圖二十，今圖六。
十八都。縣北五十里，舊圖三，今圖一。
二十八都。縣東北八十里，舊圖七，今圖三，新圖一。
西松社。今荒。
白沙社。
博賒社。
龍門社。
調黎社。
黃塘社。
崙頭社。以上俱屬縣東。
那黃社。
赤坎社。今荒，東北。
南宋社。
對樓社。西鄉。

東塲社。西鄉。
那社社。西南鄉。
龍模社。
青桐社。西北。
謝家社。西北各社人夫各有分派。
龍模社。縣北二十五里十五都。
麻鞋村。縣西二十里。元解元梁特卿未第居此。一日，手提麻鞋過市，人笑之口。古云：留踏青雲不踏坭，因名。
石門村。縣西十里，山有二峻，列如門，故名。
那松村。縣西二十里。
邁稔村。縣東二十里。
博漲村。縣南十五里，瀕海。以上六村，俱屬太平鄉。
博禮村。縣東二十里。
尖山村。縣北一百餘里，村有尖山。
林家村。縣北五十里，林氏世居之。
赤坎村。縣東八十里。
石震村。縣東九十里。以上五村，俱屬積善鄉。

討網村。縣西南，村前有海嶼三墩，上有古樹怪，號龍王廟。海中有淡井，號龍泉。天旱祈雨，取勺水，甘霖立至。

縣之埠

白沙埠。東三十里。

青灣埠。東南三十里。

博杯埠。

聚英埠。

那黄埠。南二十里渡海里瓊對澄邁也。

舊縣埠。即討網村。

麻鞋埠。渡海達澄邁。

赤坎埠。東六十里。

齎崙埠。

招搖埠。東五十里。

調黎埠。東九十里。

博維埠。北四十里。

七蓮舊埠。七十里。

南蕉埠。

東松埠。東北一百一十里。

地郎埠。

麻豐埠。三十里。

東西埸埠。五十里。

透海埠。西七十里。

縣之墟

東關墟。縣東關外。

大黄墟。縣西二十里，世變久廢。今於二十三年，紳士同招復。

邁松墟。東二十里，今廢。

石橋墟。東六十里。

石牌墟。久廢。

英利墟。在英利驛城。

龍摹墟。縣西北十里。

東莞墟。縣南五十里，今廢。

何家墟。今廢。

縣之橋

隆濤橋。東南城脚，通水關。

通惠橋。西南城脚，通水關。嘉靖間，知縣方逢堯因雨水泛濫，乃環威〔一〕鑿渠，疏通水勢，自西而東，名玉帶水。架橋二，形家善之，近填閼宜膚。

大水上橋。東十里。元大德主簿吴均順造。長十五丈，濶二丈，路通錦囊所。

大水下橋。二十里。元大德造。正德乙亥，生員董朝綱捐資重造。今壞。

調禄橋。六十里。永樂十一年，知縣石彦誠造。路通寧海司。

新安橋。九十里。石彦誠造。路通錦囊所。

那調橋。一百里。洪武四年，知縣武亮造。

孤洲橋。錦囊所西門外。近壞宜修。

那榜橋。磊路通郡城。

邁章橋。東北十里。邑用瓦窯出此。

〔一〕威，疑爲「城」。

那橫橋。南二十里。宋時建。

官田橋。西南三十里。成化主簿彭用乾造。

英利橋。西北五十里。洪武五年，縣丞楊天祐建。

遇賢橋。六十里。遇賢鋪那溫水上。

南包橋。七十里。南田水上，二橋俱洪武二年武知縣建。

謝家橋。一百二十里。嘉靖間，鄉人謝德等砌於謝家溪。萬曆丙申，生員謝鴻恩捐資重造。

葫蘆橋。北十里。

濂濱橋。四十里。洪武中，楊天祐造。

海安港渡。東南三十里。

冠頭渡。東三十里。渡海至琼之文昌、白沙，相傳伏波平粵，軍既濟，乃焚其舟，以示必勝。袁潭記云『飲馬於儋耳，焚舟於琼山』是也。

老沙港渡。八十里。

縣之池一，堰閘六，陂一，塘十

月池。縣治南門外。隆慶間，知縣謝朝爵因邑多火災，且乏灌溉，置田鑿池，申議未行。萬曆二年，知縣張師益鳩工成之。周圍二百餘丈，深丈許。泉清不竭，回祿消息。十二年，知縣蔡宗周伐石甃砌，灌溉便之。

清水堰閘。西南二十里。洪武十八年，致仕御史黄惟一奏築，引水灌討網等田。

潘家塘閘。東六十里。灌潘家前後田。
大水上下二堰閘。東十里。灌邁椰斗隆田。
麻欄堰閘。東十里。
龍門堰閘。東五十里。灌龍門洋心田。
清水官閘。東南七里。弘治二年，海北道傳委通判熊魁督民閘築，申設塘長、塘甲，優免差役，巡守灌田。知縣熊敏伐石修砌。
麻練陂。縣南二十里。洪武三年，知縣武亮築，灌麻練等田。
保水塘。南十五里。洪武間砌，灌保水田。
邁果塘。東六十里。積水灌田，極旱不竭。
李家塘。東七十里。官爲開渠，灌田四百餘頃。原設塘甲修整，後廢。正德五年，知縣平鋼復之，灌溉如初。
顏家現攝二塘。東七十里。洪武間築堰，灌後湖田，每歲設田甲修整。
東壅塘。南十里許。東灌祿灣舊片、西灌那流邊貢田百餘頃。
隆船塘。東四十里篤牛村。灌田百餘頃。
石門塘。西十里石門嶺上。儲水灌嶺邊田，久圮，無水。嘉靖三十八年，邑人教授鍾世盛捐金，募工築堤，儲水不竭。
那包塘。東七十里。灌那包田。
暢草塘。南十里許。灌雙溝、那貢等田。
龍摹塘。西北十里。傳云：昔有龍出其地，遂成陂塘。灌本處田十餘頃。

風俗志

入其國，觀其俗，而治可知也，則俗之所繫重矣。然澆淳良楛生而習焉，長而不欲變，雖賢者有所不能免。聖王經世，忠質文互爲損益，不過因其勢而利導之。雷屬徐邑，雖處遐荒，俗亦不可不志也。

徐之俗，尚朴侈不齊，城中冠服，大類中州。子弟競於學，有鄒魯風。鄉村率事簡畧，器用麤拙。西北土瘠俗淳，東南土沃，習於纖瀉而尊巫，其蔽一也。

徐之言語有三：有官語，即中州正音也，士大夫及城市居者能言之。有東語，亦名客語，與漳潮大類。三縣九所鄉落通談此。有黎語，即瓊崖、高臨之音，惟徐聞西鄉之言，他鄉莫曉。大抵音兼角徵，蓋角屬東，而徵即南也。徐地盡東南，音蓋本諸此耳。東語已謬，黎語益侏㒧，非正韻，其孰齊之。

徐之居處，屋宇多簡陋。蓋濱海多風，地氣復濕，風則飄搖，濕易蠹朽。城中惟官署始用磚石，差可耐久。里巷則土垣素壁，僅蔽風雨而已，不數年，俱圮壞。豪族宅頗完美，然亦稀覯。鄉落間，瓦蓋者少，農家竹籬茅舍，有太古風。但終歲桔据〔二〕，未可以爲安也。

徐俗節序，與廣東大同。

立春。先一日，所屬有司晨至東門外迎春，公署闢内小民各辦雜劇。俟祭芒神畢，諸邑人前導，迎春以入，老稚咸集通衢，看土牛，或灑以菽稻，名曰『消疹』。是日，啖春餅、生菜。

元旦。夙興祀祖，禮畢，乃拜所親，出賀閭里親友。是日酌栢酒，燒爆竹。

上元。先數日，作燈市，剪綵爲花，獻神廟、寺觀，遍懸公署。每夜設火樹、鞦韆，放爆竹烟火，粧鬼判雜劇，絲竹、鑼鼓迭奏，遊人達曙。

二月上戊。鄉民祭社祈穀懽飲。是夕，擊鼓逐疫。

清明。先數日，家各載酒殽，登壟墓祭掃。男女俱簪柳枝，謂之『明目』。

四月八日。浮屠氏浴佛，爲隆華會。

端午。衆往觀競渡。好事者懸銀錢於竿，以舟競奪之，謂之『奪標』。是日，設菖蒲酒、束角黍祀祖。閭里相餽遺，懸艾虎於門。童子鬭百卉。

六月六日。祀灶。各曬衣服，祛蠹濕。

〔二〕桔据，當爲『拮據』。

七月十五日，中元。薦殽醬楮衣祀祖，爲蘭盆會。

中秋。家設酒殽，蒸芋賞月。

重陽。攜榼於樓臺會飲，謂之『登高』。

冬至。有司夙興拜聖節交賀。是日家各祀祖。

臘月二十四。夕祀灶用。灶經曰：『送灶神升天』。

除夕。設酒殽祭祖，閭里相餽遺。是夕，燒爆竹，堂宇俱燃燈，謂之『守歲』。

災祥志

按：星野之設，以僧一行之論爲確，不以地理方位南北而定也。三代以前，嶺以外不入職方，故止於荆楊吳越之占，止於斗牛女舊矣。嶺以外，要以上下流別之。附海者，屬牛女。五年潮、惠、瓊及遷海之縣屬之，若自肇、雄、韶、高，階直翼軫，此其較也。

國朝順治十年冬，蓬星出，參之玉井，斜行沒於天船。越明年，李定國出石城、高州，而敗於新會之古樓，不能越江以及肇，則高雷分野，其在此乎。

嶺南炎方，氣候與中州別。近山多燥，近海多濕。徐山勢平衍，無嵐瘴患，惟近挹洋海，土卑而薄，霜雪之嚴，遠不能加。乃洪濤震蕩，濕氣上蒸，晴則甚熱，陰則轉涼。一歲間，暑熱過半，入秋爲甚。隆冬值晴，或至用扇。春夏多淫雨，晨起積霧四塞。三伏時，偶值陰翳，便覺凄然。舊志謂，陽氣常泄，陰氣湧溢，迭勝而相薄。陽氣泄，故人腠踈多汗；陰氣溢，故人多體倦。腳氣之病，此濕熱交侵所致也。三縣氣候俱同，而徐聞最逼海。諺傳：『嶺外四時皆似夏，一雨便成秋。』於此爲尤信。

海邑多風，而徐爲甚。其大而變者，爲颶風。颶者，具也，具四方之風而飈忽莫測也。發在夏秋間。將發時，或濤聲倏孔，或海鳥交翔，或天腳暈若半虹，俗呼曰『破蓬』。不数日，則輪風震地，萬籟驚號，更挾以雷雨。則勢彌暴，拔木揚沙，壞垣破屋，牛馬縮栗，行人顛仆，是爲『鐵颶』。至於風調雨順，海不揚波，又賴乎在上之聖人矣。

徐地潮汐，悉視月之朔望爲候。一月之再盈再虛，如前月二十五六潮長，至朔而盛，初三而大盛，後又漸殺。十三又長，至望而盛，十八而大盛，後有漸殺。新舊相乘，日遲一日。每歲八九月，潮勢獨大。夏至潮大於晝，冬至潮大於夜。此其大較也。徐聞最迫海，但其地稍亢，暴潮不能深入田園，灌溉大半取資溪澗，罕鹹鹵患。而調黎東西潮亦互異，調黎東每日兩潮兩汐，西一潮一汐。調黎潮，東減而西滿。那黃潮，西減而東滿。凡春則水小，不潮不汐者二三日。冬不潮不汐者或三四日，無常期。大潮大汐，謂之大水，漁者集焉。小潮小汐，謂之小水，漁不取魚。其渡瓊者，亦視潮汐爲進退，潮吼而暴，舟舵戒正矣。

嘉靖三年，地震。

二十一年秋九月，颶風大作，走石飛沙。

二十七年秋九月，地震。

萬曆六年秋，彗見西南方。尾散如箒，其長竟天，五十餘日方滅。

十五年，蝗殺稼。

二十二年春二月，地震。

二十三年，旱，大無禾稼。

二十四年，大旱，赤地千里。是年，斗米二錢五分，民多茹樹皮延活，饑死者萬計。

二十六年冬，地震。

二〔一〕十三年夏五月，地大震。

四十六年戊午冬十月，白氣如練，長竟天。日旁初有小星，散爲白氣。雞鳴時，起於東北，直指西南，形如大刀，長数十丈。自九月，閲十月，始沒。其占爲蚩尤旗。是年大征，師征遼東。明年二月，四將軍之師皆沒。

天啓三年癸亥夏六月，熒惑犯南斗。

國朝康熙元年十一月，彗見東南。

七年二月二十四日昏，白氣見西方。初昏，白氣光灼，尖直如鎗，久而永勾，乃漸化。連見三昏，蓋攙搶星也。永曲，故不爲害。

嘉靖四年五月，鳳來於挑鏊嶺，有數千鳥從之，逾旬而去。

康熙十年，邑東産神芝。

〔一〕二，疑爲「三」。

物産志

稻之種十有七

曰：

早稻。二月種，六月熟。

早黏。熟種，與早稻同。

香秔。粒小，性柔，而味香。

粳稻。

古秔。性柔，次秫。

珍珠稻。末稍圓，而色潔。

黏稻。赤白二種。

光芒稻。

長芒稻。

紅芒稻。

烏芒稻。

秫稻。

百稼稻。坡田種。

黄穲稻。米極潤白。

芮稻。二月種，十月熟。

界稻。出徐聞。

山旱。砍山種。

黍之種四

曰：

糯黍。

黄黍。一名金黍。

飯黍。

牛黍。

稷之種三，即粟

鴨脚粟。釀酒用。

狗尾粟。一年二熟。

大粟。一年一熟。

麥之種一

小麥。九月種，二月熟。

菽之種七，即豆

綠豆。豆粉用。

紅豆。

刀鞘豆。

柳豆。枝葉似柳。

扁豆。

烏豆。一名爵豆，作豆豉。

白豆。

麻之種一

芝麻。香油即用此作。外有苧麻、青麻、黄麻，皆作布用，不入穀品。

竹之産爲種有十

麻竹。笋甜可食。

青竹。

紫竹。

青絲。

刺竹。笋可食。

包竹。

粉竹。可作器用。

鑒竹。

筋竹。

黄竹。

木之産爲種十有七

香樹。頭結黑者爲清香。

槐楓。脂香，可焚。

榕。葉繁多蔭。

水松。

光榔。樹如檳榔，子串珠。

苦楝〔一〕。有文理。

刺桐。花紅。

樟。木香，有文理。

猫尾木。可製器。

木綿。花紅實白，似綿花，可爲褥。

栢。

桒楮。

山蘿。子可作油。

雞骨香。鄉村多焚之。

觀音柳。葉細，取浸水服涼。

〔一〕 煉，當作「楝」。

山桂。皮味似桂，客家每混入藥賣。
鶴木。

花之産爲種二十有四

素馨。
茉莉。青香襲人。
青茉莉。架生，碧色，味香。
蘭。《楚詞》：蘭長而花一。蕙，葉短而幹多花。此中所蒔者，皆蕙也，青色者佳。
月桂。亦名長春花，類薔薇，四時皆放。
山茶。有二種。
海棠。色紅，無香。
楊妃蘭。葉似月桂，一名客友。
羅漢蘭。
九里香。一名鳳尾。
綿花。
含笑。一名紫笑，色紫，清香。

郁李。

七里花。

鳳仙。又名指甲花。

葵花。

珍珠花。

石榴。一名雙瓣，一名单瓣，結子可食。

鷄冠。紅白二色，似鷄冠，和酒炒，銷痔。

萱。一名忘憂草，即鹿葱。

菊。品最多。

海楊梅。

金錢。花深紅色，圓如錢，又名子午花。

淑英。色白，似茉莉而尖小。

草之爲産十有二

九里明。煎水，可療瘡毒。

馬鬃。煎水，療毒。

鳳尾。擣汁，俞〔一〕痢。

車前。可利小水，俞白濁。

曼陀羅。花白，漬酒飲之，令人發狂。

鴨脚。可製藥，治痢。

石蓮蓬。治癰。

猪耳。即車前。

蔞。即扶藤，合檳榔食之。出錦囊所者佳。

斷腸。極毒，人嘗之立斃。

長生。

菖蒲。五月取，浸酒飲，以去毒。

瓜之產爲種有九

西瓜。

黄瓜。

〔一〕俞，當爲愈。下『俞白濁』之『俞』同。

香甜瓜。即班瓜。
南瓜。類金瓜而大。
冬瓜。《本草》云：經霜後，皮白粉，故名。
水瓜。一名絲瓜，即閩中天羅。
苦瓜。味苦而性涼。
葫蘆。即瓠子。
金瓜。形圓而短，熱時黃如金。

蔬之種三〔一〕十有四
白菜。
白芥。
甕菜。蔓生，花白，莖虛，種出東海外，始以甕盛至，故名甕。
波菜。出波稜國，解諸毒。
猪鬃。

〔一〕三，當爲『二』之誤。

鹿角。

羊角。

葱。

蒜。

春不老。冬種，至正二月不花。

韭。

薤。《本草》云：似韭，用之皆去青留白。

薑。

芹。生池澤中，一名水英。《爾雅》謂之是葵。

鬣脚。

海粉。

石粉。

青苔。三物俱海生。

薯。

雙筋。

紫芥。

茭筍。

蘿蔔。

辣菜。

果之産爲種三十有三

桃。

梅。

李。有臘紅二種。

檳榔。産瓊州，徐聞間有之。

柑。有扁柑、珍珠柑、饅頭柑。

菱。

柿。

橘。

蔗。有数種，臘蔗、牛腿蔗、烏脚蔗，莽蔗，可煎爲糖。

荔枝。産徐聞者，大而美。

龍眼。産遂溪、北海者最甜。

金橘。可浸蜜，善製者，葉青而不變。
石榴。
菩提。色白者味甜，五月實。
蓮房。即荷實。
香圓。
柚。
橄欖。
黃皮。
胭脂子。皮淡綠，褒紅，味酸甜，似胭脂，故名。
楊梅。山中生，三月結實。
餘甘子。圓如龍眼，味似橄欖，産遂溪。
楊桃。五稜，味酸。
芭蕉。有数種，無子者曰績蕉。
瑪瑙。味甘，造酒用。
椰子。瓊州來者多。
胡桃。可作油。

倒粘子。一名海漆子，可釀酒。

波羅蜜。樹高，生子圓，有莿，附枝幹生者大，味甜，性最熱。

毛韶子。狀似荔枝，殼毛，味酸。

山任子。似菩提，色黄，味酸，亦可釀酒。

棯子。六月熟，蒸酒，味極佳。

槌子。歲饑可茹，亦可造酒。

藥之産爲種四十有四

益智子。

何首烏。《本草》云，苗葉相對如山芋而不光澤，莖蔓紫，花黄白，子有稜。徐聞大有數觔者最佳。可烏鬚黑髮。

半夏。

荆芥。

海桐皮。

白丁香。即雀屎。

麥門冬。土出，不堪入藥。

車前子。俗名猪耳菜，性極涼。

黑牽牛。

益母草。苗似艾，莖大，葉可用治產難，故名。

白扁豆。

香附子。即莎根。

橘紅。

蓮鬚。

班猫。豆葉上者良。

白芨。花紫，根形似菱，節間有毛。

百兩金。

蛤蚧。

皂莢。

木鱉。

茴香。

良薑。山中野産。

百合。

烏藥。

山梔。小而多稜者可用。大長者，只作染黃色。
芭豆。子可藥魚。
山藥。即《本草》云「薯芋」，性溫。
忍冬。
蒼耳。一名羊負來。
蜂房。
蛇蛻。石上完全者佳。
虎骨。
海馬。治産難。
菖蒲。
草茇。
天南星。
艾。有草艾、耆艾。
薏苡仁。又名老鴉珠。
天門冬。藥似茴香，蔓生，有刺。
三蘱。味香。

山總管。解漆毒。

柳豆。

菜茰。

仙茆。

布之品六

綿布。

葛布。葛産高州府硇洲，雷人製爲布，甚精，舊入貢，今罷。

踏匾布。

苧麻布。

青麻布。

黄麻布。

皮之品有十

虎皮。

豹皮。

鹿皮。

獺皮。

麞皮。

狸皮。

牛皮。

鯊魚皮。

蛐蛇皮。

山狗皮。

絲之品四

絲。

絲綢。

水紬。

絲經。

用之品八

蜜。

黄蠟。

吉貝。

錢。

翠毛。

花紅。染布用。

青石。

灰。

食之品八

茶。

油。

酒。有桂酒、稔酒。

糖。

醤。

醋。

鹽。

粿。

禽之産爲類二十有八

鷹鳥。具頸白，能反哺者鴉。

鴛鴦。

喜鵲。

鶻。其性悍，能捕魚。

鷓鴦。

燕。即紫燕也，立春即來，巢於人家。

鷺。

鳩。

杜鵑。

雀。

翡翠。毛可充貢。

鷓鴣。取雄者養爲囮。春有雌啼，占山頭者，取囮對啼，設網取之。

鶴。
黄鶯。
鸜鵒。
鵵老。
畫眉。眉白，毛似鴛。
百舌。
百勞。即博勞。
叫天兒。似雀，愈鳴而飛愈高。
鶺鶉。《列子》云：蛙變爲鶉。
白頭公。
鵓鴿。即白鴿也，千里放，自知還。
山鷄。
水鴨。即梟鷗。
山呼。本地多産，黑腮。其白腮善鬪者，間亦有之。
鶵哥。養久能人言。
啄木。嘴尖似鐵，能啄木爲巢。

獸之産爲類有十五

虎。

豹。

麖。

麞。

鹿。

野猪。

箭猪。遍身俱箭，怒則射人。

香狸。

穿山甲。

狐狸。

獺。似狐而小，青黑色，水居，食魚。一歲二祭，豺豺祭方，獺祭圓。

豺。赤獸也。

山犬。尾大，身黄色，入地穴。

啄夜食。尾大，樹上疾走取食。

山猫。

魚之産爲類四十有一

海龍翁。大如屋宇。

海狸。

鯽。形似鯉，而體促，大而脊隆。

金鯽。

塘虱。首有角，成群，含水過坡。

螬。

螬白。

赤魚。似鲇魚，肥。

紅魚。

紅花。頭上有二大沙。

白帶。

絲刀。

尖嘴。

黄魚。
黄齊。
金錢花。
朝天。即羊肝魚，尾有兩星。
扁魚。鹹淡水有。
鱆。
鯉。
鮎。
燕。
鯧。
鰻。
鰍。
鱸。
黑魚。
虎鯊。四尺首，春有骨刺。
海猪。

魧。

鋸鯊。兩牙如鋸，長二尺。

鹿沙。如犂頭，背班文如鹿。

鱔。

背。

綿魚。

鯇。

扁鱗。

青鱗。

馬膠。

松魚。

錦魚。

介之産爲類十有四

黿。俯行者，靈。

鼈。伏於淵，卵於陵。

鱟。形如惠文冠，眼生背殼上，尾尖而堅。

蠔。即牡蠣，附石而生，殼可燒灰用。

車螺。

香螺。

仙人掌螺。

指甲螺。

玳瑁。薄少者海間有之。

蝦。

龍蝦。

蟹。

蛉蜊。

蟲之產爲類二十有六

蠶。繭有黃、白二種。

蚺蛇。最大，皮可販賣。

蝪虎。

蜘珠〔一〕。

蝦蟆。

蜥蜴。

青蛇。與孔雀交。

薰鼠。

水蛇。在水中。

蜈蚣。

看家蛇。

螳螂。

蜜蜂。

佛蛇。即草花蛇。

蜻蜓。

促織。

蚱蜢。

〔一〕珠，當爲「蛛」。

火蛇。紅色。

蝙蝠。

蟋蟀。

蝶。

蟬。

哇〔一〕。

兩頭蛇。色紅紫，長六尺，人見之，必災。

土綿蛇。將生子，必當大道，俟人擊之，腹破，子始出。若無人擊，子食母而出。故人稱土綿蛇爲不孝。

簸箕甲。黑白成節。

〔一〕哇，當爲「蛙」。

貢賦志

雜稅　鹽課　驛傳

麗土之民，何辭於役。食土之毛，何辭於賦。役煩賦重，惟今日獨也。吳越沃壤，閩廣亦復相類。雷處海濡，潮深土瘠，不病涸即病溢。賦役且與中州等，齒毛羽革靡不算及，登耗之故，按籍可稽矣。作貢賦志。

戶口

唐宋戶口無考。

元。二萬九千六百九十六，坊都九十里。

明洪武二十四年。戶八千二百，口六萬四千四百一十八。

永樂十年。戶口同前。

天順六年。民戶五千八百六十，軍戶二千六百三十九，弓兵、鋪兵、防夫、堠夫戶五十五，醫戶二。各色匠戶兵二百二十，坊都五十里。

成化八年。坊都止存二十八里。

成化十八年。戶五千九百六十二，口一萬三千一百七十七。

弘治五年。戶五千八百三十八，口一萬三千五十三。內復蛋圖一。

正德七年。戶五千六百八十二，口一萬五千七十七。

嘉靖十一年。戶五千九百，口一萬八千五百二十五。集海南流民一圖。

萬曆十一年。戶五千八百二十三，口一萬四千六百九十五。

萬曆四十一年。戶五千八百二十三戶。軍戶二千六百三十九戶，民戶二千七百二十七戶，又蛋戶八十戶，共二千八百零七戶。醫戶二戶。各色匠役二百二十戶。弓兵、鋪兵、防夫一百五十五戶。丁口男婦一萬四千七百五十六丁口。男子九千八百四丁。成丁七千三百四十二丁。未成丁二百九十三丁。不丁二千一百六十九丁。婦女四千九百五十二口。

崇禎十年。戶口同前。

國朝順治十一年。被王翰、王占三盤踞西山，其半戶口無考。

康熙十一年。戶一千三百八十六戶。

康熙十一年。現徵丁九百九十一丁五分，婦女七百九十三口。今編新丁，除抵補老弱開除外，實增人丁一千一百六十丁，婦女一千一百六十八口。

康熙二十五年。縣原額丁口共九千一百五十七丁口五分，內除逃亡荒遷無徵外，存差並審增丁口共四千零二十五丁口五分。今編審丁口造冊，會式未回不敢造入，止照二十五年實差。

田賦志

田有夏秋二米，起於宋天禧四年。頒示天下，勸農桑，官命所在州邑，農出秋糧，桑出夏税，其制遂定。明初有農桑編，命天下農民率栽桑麻木綿，其不種者，致之罰。尋照桑枝起科納編。久之，分派於米，又立河泊所，以榷漁利，歲有常額。其後逃絕過半，亦派其課於民戶，按田每畝官税一斗七升起科，加耗一合二勺，民税二升起科，加耗七合一勺二抄。其賦甚輕，大率三十乃税一也。即間或加派，猶約而易供。至弘正間，添徵羽革漆藥諸科，其賦始重，且派不以時，民甚病之。嘉靖初，御史酈奏行均一，總其科價於糧，著爲定額。不數十年，復有四司鋪墊諸派，則又不翅什一矣。

官民田山塘夏税秋糧額辦歲辦魚塘課米等項田賦無考。

明洪武二十四年。三千一百六十九頃四十六畝四分九厘。夏税折米一十四石九斗二升九合七勺八抄。秋糧米二萬五千一百六十二石四斗八升八合二勺七抄一撮，桑絲一十二兩。魚課米六百六十三石一斗九升一合七勺四抄。魚油八百四十五觔一十二兩。魚鰾一十七觔十兩，缺一千三百五十貫四十四文，銅錢一千一百一十六貫六百二十文。

永樂十年，宣德、正統、景泰至天順六年。官田地山三百六十三頃九十五畝八分零八毫。夏税小麥折收糧米四斗三升八合二勺一抄二撮。秋糧粗課米一萬九百五石三斗六升七合七勺六抄一撮。民田地塘二千八百一十六頃六十八畝四分五厘。夏税小麥折收糧米一十石四斗七升四合二勺一抄八撮。秋糧課米九千五十五石一升七合一勺五抄七撮。額派周歲商税課缺二千一百七十八貫，閏月加鈔一百八十一貫五百文。周歲市舶課鈔一十四貫六百四十文，閏月加鈔一貫一百二十文。周歲比附課鈔二百七貫七百一十八文。

成化元年。三百六十三頃九十五畝八分零八毫。夏税四斗三升八合二勺一抄二撮。秋糧一萬九千五石三斗七合七勺六抄一撮。

弘治十五年。又加藥味、翠毛、麂羔、水底、鹿皮、生漆等項。夏税一十四石八斗一升三合四勺三抄。秋糧米一萬九千九百六十一石三斗八升四合九勺一抄八撮。有徵米一萬二千九百六十九石八斗八升三合五勺四抄八撮。歲辦魚油八百四十五觔一十二兩。歲辦魚鰾一十七觔二兩。辦曆本紙一萬一千張。歲貢益智子一百觔。歲辦藥味料二百六十觔，銀五兩二錢。歲辦翠毛三十個，生漆四百觔，其價銀三十五兩。歲辦麂羔羊俚〔一〕各色襍皮五百一十張，價銀一百零一兩。年例坐派水底皮四張，銀六十一兩七錢二分；白硝鹿皮二十四張半，銀一十五兩一錢五分四厘五毫陸絲二忽。年例生漆一百五十觔，銀一十二兩，酒醋各色課程鈔二千五百二十九貫四百七十八文，課米六百六十五石二斗九升二合二勺。

正德七年。賦税加料與前同。

嘉靖十一年。官民田地塘三千一百六十九頃四十四畝四分九厘。夏税小麥折收米一十四石八斗一升二合四勺三抄八撮。秋糧米一萬一千三百二石一升二合六抄。課米三十八石六斗三升七合五勺。

萬曆元年。官民田地塘三千一百五十二頃八畝零五厘七毫。夏税一十四石八斗一升二合四勺三抄。秋糧一萬一千三百八十一石六斗零二合四勺五抄。

萬曆二十年。續派甲丁供用料價及鋪墊銀，本縣官米每石加派銀五厘五毫。

〔一〕俚，疑爲『貍』。

萬曆四十一年。官民田地山塘稅三千二百六頃一十七畝二厘九絲五忽。夏稅小麥抵斗折收米一十四石八斗一升二合四勺四抄。秋糧官米一千二百六十八石一斗五升八合六勺七抄二撮一圭七粟四粒。民米一萬六十九石四升五合四勺五撮一圭。塘課米三十九石七斗三升二合五勺。魚課并比附米，無閏六百六十五石二斗九升二合四勺八抄，遇閏年添米四十石八斗二升。俱課戶辦納，不入通縣糧米條銀内。今届陞科官米課米一十二石九斗一合九勺四抄六撮五圭。實編丁五千九百四十七丁半。歲派京庫銀以通縣官米一千二百六十八石五斗四升九合二勺二抄四撮一圭七粟四粒，每石派銀二錢八分。又於民課米内派五百二十一石八斗七升三合一勺二撮二圭三粟四粒，每石派銀五錢四分，二項共該銀五百九十八兩九錢四分八厘八毫，每兩帶徵水腳銀三分，該銀一十七兩玖錢陸分八厘五毫。本府廣積倉本折色米一千四百五十三石八斗五升七合四勺三抄四撮六圭七粟三粒。以通縣民課米每石連耗篁派銀四錢二分六厘，該銀六百一十九兩三錢四分三厘三毫六絲七忽零。本縣際留倉折色學米三百一十二石，以民課米每石派銀五錢，該銀一百五十六兩。派撥廉州府廣儲倉米八百七十四石五斗六升八合七勺八抄一撮四圭八粟二粒。以民課米每石折銀五錢四分，該銀四百七十二兩二錢六分七厘一毫四絲二忽。派撥合浦縣永安倉米八百三十八石三斗九升七合九勺九抄四撮四圭四粟五粒，以民米每石派銀伍錢四分，該銀四百伍十二兩七錢三分四厘九毫。

存留本縣，除留海錦三倉本折色米，俱以民課米派五千七百六十二石九升二合五勺五抄二撮二圭六粟六粒。又夏稅米一十四石八斗一升二合四勺四抄，每石連耗篁俱派銀四錢二分六厘，共該銀二千四百五十五兩一錢零九厘。解司軍餉米二百石，以民課米每石派銀伍錢肆分，該銀一百零八兩，額派均平料銀四百一十三兩六錢四分一厘四毫一絲二忽零。以通縣民課米派官米，每石派銀一分八厘。民課米每石派銀三分八厘六毫六絲一忽零。續派四司料並續增貢布價共銀二百五十二兩一分六厘二毫，以通縣官民課米均派。官米每石派銀九厘二毫，民課米每石派銀一分三厘七毫七絲六忽四微零。鋪墊京佑料銀六十三兩六分五厘五毫，以通縣官民米每石供派銀五厘五毫六絲六忽零。增派紫竹、梨木、翠毛等料銀一十三兩二分二厘四毫，以通縣官民課米每石俱派銀一厘一毫四絲四忽六微零。軍器料銀三十五兩九錢五分八厘二毫，以通縣民米每石派銀三厘五毫七絲一忽零。總兵廩給無閏銀三兩五錢一分五厘，以通縣官民課米每石派銀三厘零八忽九微零。魚課米并附無閏六百六十五石二斗九升二合四勺八抄，該額銀二百零九兩五錢六分七厘一毫三絲零。内奉文除豁虛糧一百九十七石一斗四升二合八勺六抄，該銀六十二兩一錢零。議將實徵民課米內抽派抵補外，尚實徵米四百六十八石一斗四升九合六勺二抄，每石折銀三錢一分五厘，該銀一百四十七兩四錢六分七厘一毫三絲，遇閏年照有閏米添派，係課戶辦納，不入通縣糧米銀內。魚油料並水腳無閏銀五十八兩六錢一分六厘一毫三絲五忽，遇閏年添派俱係蛋戶辦納，不入糧米內派。供應稅監銀四兩二錢六分九厘九毫零，以通縣民米每石派銀四毫二絲四忽零。

按：本縣田賦，據舊志載，萬曆四十一年，各項銀米數目詳之矣，嗣後遞年加徵，備悉於左。

萬曆四十七年。官民田地山塘三千二百零二頃八十六畝四分八厘七毫，照派銀八百六十九兩三錢八分五厘七毫。

萬曆四十八年。又加派三厘五毫，旋又加派二厘，連前每畝共九厘，通省只派七厘。照派該銀二千二百五十三兩五錢三分五厘七毫。

崇禎四年。又加派三厘，連前共一分二厘，通省只派九厘五毫。照派該銀三千零二十兩九錢四分二厘一毫。

崇禎五年。又將前剩数內每畝移派一厘三毫，充本省缺額兵餉。照移派該銀四百一十六兩三錢七分二厘四毫，遼餉粵餉共銀三千四百三十七兩三錢一分四厘五毫。

崇禎九年。又將前剩數內派溢地每畝一厘零三絲，除前加派外，照派溢地。除前加派外，又該銀三百二十九兩七錢一分六厘二毫，水腳該銀一十一兩一錢九分一厘一毫。

崇禎十年。又均糧每畝派銀三厘九毫，除前加派外，照均糧派銀。除前加派外，又該銀一千二百三十八兩九錢三分九厘六毫，水腳該銀一十五兩四錢八分六厘七毫。

崇禎十一年。俱照十年派徵，惟均糧止徵一厘九毫。照十年派徵外，均糧止徵一厘九毫，該銀六百一十九兩四錢六分九厘八毫，水腳該銀七兩七錢四分三厘三毫。

以上明季因軍興缺餉加徵額數也。

按：本縣田地，明代熟徵，田地荒蕪，戶口凋敝，大有土滿之嘆。今稽本年額徵之數，詳例於右。

順治十一年。土寇王翰、王占三等占據西土，人民逃散，稅糧無稽。

國朝康熙三年。遷海，版籍未定，稅糧無考。

康熙十一年。尚存徵熟民地塘稅三百七十七頃一十畝零六分二厘五毫九絲四忽六微。

縣原額官民田共稅三千二百零二頃八十六畝四分八厘七毫，內除荒遷無徵外。

應徵銀一千二百一十一兩一錢二分四厘六毫。

應徵本色米二百一十六石六斗六升六合。

地丁共銀一千五百二十三兩四錢九分零六毫四絲六忽五微，起運連閏共銀一百五十一兩三錢八分一厘七毫四絲七忽六微八僉七沙五塵。存留額編兵餉，及留縣備支官役俸食均平驛傳軍器料解戶水腳曆日額外等項，連共該銀一千三百七十二兩一錢零八厘八毫九絲八忽八微一僉二沙五塵，內除驛傳連閏共銀九兩三錢七分二厘九毫五絲一忽，尚存實徵連閏共銀一千三百六十二兩七錢三分五厘九毫四絲七忽八微一僉二沙五塵。

差壯銀八百一十兩零三錢九分六厘五毫七絲四忽零。備支府縣官役俸食心紅等項用。

均平銀五十八兩九錢八分五厘，留支春秋二祭無祀鬼神等項用。

康熙二十五年。縣均平額銀七百六十四兩六錢三分九厘八毫八絲。歲辦派數：拜牌習儀香燭銀伍錢。祭山川銀一十四兩七錢。祭啓聖鄉賢銀一十四兩五錢四分二次〔一〕。祭丁銀三十六兩。祭社稷銀一十一兩四錢，厲壇三祭共銀一十五兩。曆日銀二兩。門神桃符銀一兩四錢。迎春土牛芒神牲體祈雨晴護日月食香燭銀四兩。鄉飲銀八兩。本縣朔望行香講書紙筆銀四兩。季考生員銀二兩。縣所操練犒賞軍兵銀四兩。守巡二道閱操犒賞銀七兩五錢，解海康縣湊支。分守道油燭銀八兩，解海康縣湊支。上司巡歷駐扎皂隷迎送銀八兩。上司經過紙劄油燭米菜銀二兩零五分二厘。查盤委官紙劄油燭米菜銀三兩六錢八分八厘，夫馬二百四十兩。來降彝人稻穀銀二十五兩。孤老口糧銀六兩三錢六分。府學歲貢生盤纏花紅羊酒銀二十四兩六錢六分七厘。

縣額辦派數：　察院考試生員卷餅花紅銀一十三兩，察院閱練犒賞軍兵銀二兩。修補知縣轎傘銀二兩。應朝官員造冊酒席銀四兩。應朝回任典史什物祭祀銀二兩八錢六分六厘七毫。賀新進士旗扁花紅羊酒銀一兩一錢六分六厘九毫。迎宴新舉人旗扁花紅酒席連府共銀二兩九錢四分九厘五毫。起送會試舉人酒席銀三兩九錢二分六厘。縣學歲貢生監盤纏花紅酒席銀三十七兩。歲考生員童生入學花紅銀五兩五錢。縣科舉生員盤纏花紅酒席銀二十兩。府學科舉生員盤纏銀五兩九錢八分六厘五毫七絲。新官到任合用祭祀酒席執事轎傘小脩什物，本府同知、經歷、訓導銀一十六兩三錢六分二厘六毫一絲。本縣銀二十兩。

縣雜辦派數：　原額派銀四十兩，續加四十兩，一切迎送、詔赦、香燭、陞任、官員、執事、祭江、猪羊、卷箱、扛絲、修補各衙什物，上司使客下程，教官出入，夫馬、發學、寫榜、紙筆、造冊、書手工食檢驗什物，總參官員投兵經過柴燭米菜，察院考試花紅等件，俱在此支用。

修理各衙宇公館，共銀七十兩。

上除荒遷裁扣外，現存均平銀壹百零八兩四錢二分零壹毫。留支：　拜牌銀伍钱。迎春銀四兩。春秋二祭銀三十八兩五钱六分。無祀鬼神銀一十五兩。曆日銀六钱。孤贫口糧銀六兩三錢六分。府歲貢生盤纏銀七兩四錢零一毫。會試水手銀三十六兩。

〔一〕次，疑誤。

縣雜役

縣均徭無閏額銀一千九百零三兩八錢八分八厘，遇閏加銀九十二兩五錢九分八厘六毫正。布政司解戶銀七十五兩。分守海北道皂隸工食銀二十一兩六錢，遇閏加銀一兩八錢。梧州府門驛廩給銀一十九兩五錢。會試舉人水手銀三十六兩。本府佐二并首領柴薪銀七十一兩，遇閏加銀六兩。本府值堂門子工食銀七兩一錢，遇閏加銀六錢。本府皂隸并各廳一十八名，工食銀一百二十二兩四錢，遇閏加銀一十兩二錢。本縣知縣、主薄、典史、薪夫七名，共銀八十四兩，遇閏加銀九兩九錢九分九厘。本縣值堂門子工食銀七兩二錢，遇閏加銀六錢。本縣值堂并各廳皂隸工食共銀一百一十五兩二錢，遇閏加銀九兩六錢。禁子工食刑具共銀四十四兩八錢，遇閏加銀三兩七錢三分三厘二毫。儒學齋夫四名，工食銀四十八兩，遇閏加銀四兩。膳夫二名，銀四十兩，遇閏加銀三兩三錢三分三厘三毫。

聖殿門子一名，工食銀六兩，遇閏加銀八錢六分六厘六毫。分守海北道門子工食銀五兩，遇閏加銀四錢一分六厘六毫。預備海錦斗倉斗級工食銀三十兩零六錢，遇閏加銀二兩五錢五分。際留倉斗級工食紙劄銀一十七兩九錢六分八厘，遇閏加銀一兩二錢。鋪兵工食并赤曆等項銀二百四十七兩七錢二分，遇閏加銀一十九兩八錢。各處渡夫工食并修船銀一十二兩六錢，遇閏加銀八錢。弓兵工食共銀一百一十五兩二錢，遇閏加銀九兩六錢。

裁扣充餉銀六百四十五兩五錢。

按：前項均徭銀兩，此該縣原額舊制也。因荒遷無徵，錢糧不敷，間有支給，盡入在均平差壯等項之內，姑存之以備考。

縣民壯額銀一千二百八十七兩二錢，遇閏加銀一百零九兩八錢。守城民快一百三十八名，無閏工食銀九百九十三兩六錢，遇閏加銀八十二兩六錢。

雜差守庫民壯五十四名，無閏工食銀三百二十四兩，遇閏加銀一十七兩。餘扣解充餉銀六十九兩六錢正。

除荒遷裁扣，連閏共見徵銀八百一十兩零三錢九分六厘五毫七絲四忽零，備支府縣官役俸食心紅等項用。

縣驛傳額銀四百七十七兩六錢零五毫。踏磊驛支銀一百八十八兩七錢三分九厘零七絲一忽。英利驛支銀一百七十九兩八錢七分零一絲一忽，餘扣解府充餉銀一百零八兩九錢九分二厘。

國朝驛傳銀兩，自兵荒遷界無徵，并除節裁充餉外，僅存十之一二矣。

康熙十年。本縣驛傳存留，除節裁充餉及荒遷外，尚存徵銀八兩九錢七分一厘二毫八絲三忽，遇閏加銀四兩二錢。

縣鹽鈔額銀二百六十四兩五錢三分八厘，有閏加銀一十三兩七錢一分一厘五毫。

按：鹽鈔額編銀兩，明萬曆二年，酌定額銀随丁口多寡科派數也。今荒遷逋絕鈔銀減少，俱編入前項丁口數內，姑存之以備考。

雜稅

綿花稅。舊有稅，今免。

按：舊志，刻例碑俱裁，船載檳榔蔞數以貨之多寡爲稅之重輕。今則俱係手車陸運，照数輸納耳。

檳榔青，每籠稅銀三分正，計四千個爲一籠。

檳榔鹹，每籠稅銀三分正，計一萬個爲一籠。

檳榔乾，每萬個稅銀二分正。

檳榔玉，每百觔稅銀二分正。

綿花、紙茶、木板、鹹鰕、苦油等項，今俱不徵，蓋先年禁革已久也。

山坡稅。遞年納銀一百五十二兩，解府充餉。

按：舊志，徐聞五十兩，徐則各社耕坡人戶派徵其稅，起於嘉靖四十一年，派各社戶墾耕辦納。

自國朝清丈後，墾熟者盡數新陞科，此稅倍納，民甚苦之。

牛稅。遞年額銀一百二十兩，解府充餉。

按：舊志，稅在府北十里拱辰墟，按季委官抽收，各年商販牛隻多寡不一，遇多溢額，盡報循環。遇少缺額，亦照收數起解以補足。凡販牛自海南、徐聞來，俱於此報稅。三縣無抽。

查雷郡盛時，拱辰墟乃牛販之集也，故是有數額。自兵荒以來，墟場絕無人至，何曾一牛至墟作賣買耶。

自國朝順治、康熙間，郡守屢詳上臺，請豁牛稅，竟不邀允，繳徵如故，萬不得已，俱行三縣捐解。今雖流亡稍聚，而瓊南、高涼販牛者亦不一顧。舊歲請兩院各憲，檄行鄰郡，弛販牛之禁，而本縣申私宰之條，庶幾日後漸復墟場，得徵舊額，不至如目下賠納之累也。

判銀。萬曆二十七年，稅監入粵，奉文徵起。本府派徵額銀三十兩，又帶徵遂溪四社銀一十二兩，係屬九關屠戶軍民人等告判。四十二年，奉文於四月初一日以後停止。

按：牛判銀起於稅監，當時極稱厲民，幸即停止，不爲流害於無窮也。

縣原額官民田地共稅三千二百零二頃八十六畝四分八厘七毫，内除荒遷無徵外。

康熙二十五年。尚存徵熟官民田地山塘共稅四百八十頃零一十八畝六分一厘五毫一絲九忽四微。

應徵銀一千四百四十六兩二錢三分零一毫八絲四忽，遇閏加銀一千八兩五錢五分八厘六毫一絲。

應徵本色米二百二十三石零七合五勺。

地丁共銀二千零七十兩零三錢六分零六毫一絲九忽，遇閏加銀四十七兩一錢七分一厘六毫五絲四忽。

又徵雕漆衣裝銀三兩五錢九分八厘九毫，遇閏加銀二錢九分九厘九毫。本色物料溢價原本改折共銀二十八兩零九分六厘二毫。陞科米銀一十六兩六錢四分九厘九毫。魚課銀三十一兩三錢一分。此項銀兩係在通縣成熟稅畝派抵徵解。

通縣地丁共銀二千一百五十兩零一分五厘六毫一絲九忽，遇閏加銀四十七兩四錢七分一厘五毫五絲四忽。内起運地丁連閏共銀一千零八十六兩一錢七分四厘零五絲九忽。現徵起解尚留縣備支官役俸食均平驛傳會試水手新復廩糧等項，連閏共銀一千一百一十一兩三錢一分三厘一毫一絲四忽，内除驛傳連閏共銀九兩三錢七分二厘九毫五絲一忽。尚存實徵連閏共銀一千一百零一兩九錢四分零一毫六絲二忽。内留支：本縣俸銀四十五兩。門皂快等役九十五名，工食銀二百七十九兩四錢六分五厘五毫零四忽。禁卒八名，工食銀三十一兩。鋪兵三十二名，工食銀一百一十八兩。廩生二十名，支廩糧銀四十八兩。膳夫工食銀一十三兩三錢三分三厘三毫四絲。典史俸銀三十一兩五錢二分。門皂馬夫六名，工食銀一十一兩。訓導俸銀三十一兩五錢二分。齋門五名，工食銀三十兩。寧海司俸銀三十一兩五錢二分。皂隸二名，工食銀六兩。東場司俸銀三十一兩五錢二分。皂隸二名，工食銀六兩。府同知俸銀八十兩。門皂各役工食銀一百四十兩零八分三厘三毫四絲。府學俸銀三十一兩五錢二分。門齋工食銀一十五兩。拜牌習儀銀五錢。迎春土牛銀四兩。春秋二祭銀三十八兩五錢六分。祭無祀銀一十五兩。孤貧銀六兩三錢六分。解戶水脚銀三十六兩。歲貢盤纏銀七兩四錢零一毫。會試水手銀三十六兩。典史、馬夫二十一兩正。

縣驛傳除節裁充餉及荒遷外，尚存現徵銀八兩九錢七分一厘二毫八絲，遇閏加銀四錢零一厘六毫六絲六忽正，俟年終支給存剩起解。

縣廒原額鹽課銀三十八兩七錢四分五厘，又續增引餉銀一十兩零八分。遞年足額徵解。

國朝康熙二十年。奉文加增課餉銀六十一兩二錢五分，照數起解。

縣鱼課原額無徵虛實米共銀一百二十五兩四錢二分五厘一毫。內康熙二十四年報復魚課虛米共銀二一十一兩九錢八分零八毫四絲零五微五僉，無徵鱼課銀一百零三兩四錢五分四厘二毫五絲九忽四微五僉。現在召募又魚油料銀五十八兩六錢一分六厘二毫，遇閏加銀一十三兩。蛋戶逃絕，全荒無徵。

縣稅契原額徵銀五十兩。

康熙二十三年。奉文加徵銀二十兩，遞年足徵起解。

縣襍稅原額應徵銀一百一十兩零九錢零八厘。

康熙十九年。奉文加增榔稅銀一百三十兩，遞年徵完起解。

縣南工匠價原額應徵連水脚銀一十兩零八錢八分六厘四毫，連閏水脚共銀九錢零七厘二毫，遞年徵完起解。

康熙四年。巡撫王來任奏革各里長值月夫役。

學校志

學校之設，所以翊聖教而育人材，地最重也。博士學宫，秩散而其體嚴，味澹而其化達。高賢大良於是焉出，囂悍強悖於是焉柔。遐陬僻壤，一不被宫墻之教，比於羅刹。徐雖天末，俎豆文物，海濱鄒魯，不彬彬學校乎哉。履之蹈之，則有望於子弟者；埏之植之，則有望於教子弟者。作學校志。

儒學自宋始建，在舊縣討綱村。元至正間，隨縣遷於李氏家塾。

明天順六年。避寇，附建於海安所。弘治間，遷復舊址。正德五年，知府王秉良、知縣汪澤、教諭楊檣共請建。

文廟五楹，榱題重簷，石摹聖像，在木主前。東西列兩廡，各六楹。前爲戟門，又前爲櫺星門，前中爲泮池。橋行其上，南爲照墻，外建射圃，亭廟後建明倫堂五楹，暨左右庫房。卧碑置堂左壁南向，科甲、辟薦、歲貢等題名，俱用木扁，懸堂左右。

明季著記

聖人之道，昭如日星，萬世而下，得以優游於彝倫攸敘之天義，利是非之辨，皆聖賢有以陶鎔之。是宜尊崇祀典，被衮垂旒，南面而享玉帛血食於無窮也。

廣東雷郡屬邑徐聞，僻居海隅，前代已入版圖矣。國初，繁華富庶。天順間，罹兵火，乃徙縣，避居海安，學校亦隨遷焉。弘治辛酉，邑令平侯鋼恢復縣治，未暇經營。正德己巳秋，汀溪汪侯澤自崇明來。下車之初，首謁文廟，相視舊基，湫溢滿目，荊棘弗□。□瞻乃慨然曰：學校爲政首務，吾邑令之責，當爲而不可緩者也。

越明年，政通和，乃移文請於巡撫都憲林公廷選，暨諸道僉憲李公瑾，皆壯而許之。檄下，命汪侯專其任，掌教杨檣董其役，判簿程子厚贊其功。支費之需，出於季公。而郡守趙文奎實佐其費。乃舉紀篤鄉民田泗駱，會度海之永安運木料。耆老趙儀、邑掾陳希文輩以分理之。鳩工於庚午之秋，落成於癸酉之春。

中爲大成殿，東西爲兩廡，南爲戟門，又南爲櫺星門。殿之後爲明倫堂，東西爲兩齋，遵時制也。工善材良，煥然鼎新。侯之初心於是始慰。至於匠作之餼廩，夫力之召傭，磚瓦之陶成，灰鐵之雜費，侯獨措置，捐己俸而上不知，而下不擾。侯是舉可謂有功於學校，加意於聖門矣。奈何輒起蓴鱸之思。至於神像之未塑，祭器之未造，香案之未具，庖廩號舍之未建，丹雘黝堊之未繪，以俟後之爲令者，継其志而成之，庶不負興建報本之盛心也。生員廖賢、鄧值等請予志其事，鐫石以垂不朽。予知侯稔矣，遂掇其實以爲之記。正德九年秋記。

嘉靖二年，縣丞林應驄修櫺星門、戟門、齋廡，復建名宦、鄉賢二祠於戟門側。十三年，推官徐達改建射圃。

萬曆十二年，知縣蔡宗周建修名宦、鄉賢二祠。三十六年，推官葉際英因射圃地洼，瀦水環砌爲沼。三十九年，知縣孫世芳重修。東西建二齋，兩門西南建啓聖祠，堂後建敬一亭。豎敬一箴碑一，程范箴碑五。折而西，爲教諭訓導諸衙。東齋之左，建魁星亭。復建諸生號舍於啓聖祠西。而學之規制始備。

國朝順治初年。被寇，圮毀。

康熙九年。知縣宋灝捐俸百兩，倡首重修文廟正殿。

康熙二十一年。雷瓊道程憲知府沈聯鑣、同知竇日嚴、知縣閻如玷、儒學教諭丘琳、訓導韓偉猷、典史劉弘基、巡檢張三秦、沈綸暨绅士俊秀，奉文捐工重整。

文廟正殿後建明倫堂，啓聖祠前建兩廡、戟門、欞星門、名宧、鄉賢、泮池、圍墻、照壁。

康熙二十五年。奉頒到『萬世師表』御匾遵懸。

文廟

康熙二十二年。教諭丘琳重建西齋，闔庠文武諸生各相捐助祭器。

銅簠。一十五個。

銅簋。一十五個。

銅爵。五十個。

銅鉶。一十五個。

錫香爐。七個。

錫燭臺。六對。

籩豆。共一百個。

今俱缺。

明林應驄記

縣逖京師，民重耕牧，薄聲利，有太古之風。自平知縣復舊邑，汪知縣創學宫，邑稍改觀，而禮文尚未之遑。嘉靖甲申秋，少參李公鎮弭節是邑，適丁祭公往觀焉。俎豆未修，儀文樸畧。公惻然曰：吾宣聖神化，遠近大同，而有司崇報，獨可以遠而褻哉。乃檄是邑，措金募工，範銅爲鉶、爵、籩、豆、簠、簋。始命遂溪縣主簿黄沂、署教事葉秀、訓導陳瓊董其事，驄至而成焉。竊惟學校者士之林，而禮樂者士之不可斯湏〔二〕去身者也。自近世有司、學校岐爲二途，學校視簿書爲俗吏，有司以禮樂爲虚文。故政多無本，而學不過用，視古人學政相湏之意荒矣。公旬宣海濱，獨注意於此，其以儒飾吏者歟。器成鳳翔於是邑，五色備諸烏從。閱旬而後去，邑之士咸作而嘆曰：不圖今日其見中州之禮器乎。禮器大備，其感召固如此乎。夫籩豆簠簋，禮之器也；駿奔周旋，禮之文也；仁義道德，禮之本也。執其器，思端其容；端其容，思敦其本。人民久墜之餘，將不有所振起哉。先是颶風大作，學舍傾圮幾盡。驄白於當道，修欞星門、戟門、齋廡，復建名宦、鄉賢二祠於戟門之側，立綽楔於欞星門之東，皆所以廣公意而永其稱也，因並及之。公諱鎮，由進士科監察御史擢是官云。

文廟祭品

羊二。共八十觔。

豕六。共六百觔。

〔二〕湏，同「須」。

鹿一。
兔一。羊代。
黍。
稷。
稻。
粱。
棗。
栗。
榛。
菱。
芡。
餅。
形鹽。
藁魚。
韭菹。
菁菹。

芹菹。

筍菹。

酡醓

鹿脯。

鹿醢。

兔醢。

脾肵。

豚舶。

帛。

香。

燭。

酒。

啟聖祠祭品

羊二。共七十斤。

豕二。共一百四十斤。

書籍

四書。

易經。

詩經。

書經。

春秋。

禮記。

性理。

通鑑。

禮樂書。今俱缺。

學田

吳家莊田一頃，共稅五頃五十畝。萬曆十五年，知縣蔡宗周清丈溢額包隱田，詳允送學爲諸生會考燈油濟貧等費，又以陂田豐歉不常，恐條鞭貽累，悉爲蠲免。自爲記，豎戟門。自順治年間，全荒無徵。康熙年間，訓導白世師招墾，內除荒四頃二十五畝八分七厘無徵。止墾復熟田一頃二十六畝一分三厘，又學前塘一口，逅年解糧銀五兩零四厘，赴學道投纳。

明蔡宗周記

余蒞任而矚其山川之奇。龍牀、石門列左右，雙髻峙其北。群巒環而秀屹者，若匠斵治，製然南襟，大海澎湃，激蕩無涯。除四時作態，倏不知其幾千萬狀，蓋一方偉觀焉。文在是矣，乃徐之奮起科名者率渺焉，寧有異故哉。徐非鮮才，不善成其才者過也。士湏相灰薰始淬，其業於遵美。徐習卒沾沾甘寡陋，鮮求益於人，庸是罕所樹蜚聲，彼其師心獨步、驤首濱海者，則豪傑士耳。且徐土故瘠僻，少生聚，士之貧者，至不充檐石。先儒曾以治生不足爲，爲學者妨確哉，其言之也。余猥謭無他，長竊私念，吏之職，首於興學育才。既嘗新學宮、葺齋舍，輙暇則引多士勸率之，顧素質木不喜矯情，爲損舍用博作興之美談。此丈田東鄉得隱田，土名吳家莊，五頃五十畝有奇。是田也，原民產，國初時籍入於官。因官其額派佃于通邑，而歲徵其稅。迨世廟初復，寬爲民則，而產猶官也。民安私業，歲月淫沒，莫綜其故。厥曰遂爲右族者遞食頃屬之，邑生員陳一瑞乎。余廉得其委，出而還之宮，因以請之上官，允爲學田，并豁其稅，蓋是時聖天子軫念民艱，行清丈，去浮糧，但令田與稅準，毋加額以困民。余仰承德意，謹度徐田，故優饒計足稅額外，其竟餘蓋七頃五十七畝三分有奇。因以二頃五畝五分給補民產之高燥，而此吳家莊田五頃有奇，乃得脫手無升合稅焉。起萬曆十一年冬，該學博士博掌之，明其出入田，論學博督集諸弟子員約日試外，立會共高確範校文，執取諸田爲供，且以示勸。士如懸整有難於丧葬者，不能婚娶者給助之，俯仰弗贍者周之俾之，定志於學無苦窮，蓋以徐之利惠徐士，於余無德而於士軌有補。矧今者倡之，後之賢者得無尤有加之意者哉。斯田之置，有籍於色校者遠而後矣。夫明珠、文犀產之海北，天下珍之。夫士也，生鍾海北之英，美中而秀質者彬彬然，明珠、文犀不珍於此矣。蓋嘗覽多士執文而珍視之，乃獨不知自成其珍，竟瓦礫棄焉。輒漫言曰，是惟徐之山川氣運由然，山川將無羞乎。予所祈多士，蓋無異言其惟厚自珍，如明珠文犀以珍天下哉。斯余立由意也，是用垂之久遠，而爲之記。

那蜜庄田共稅三十五畝。邑人運同鄧士元送學以爲諸生會考、燈油、濟贫之資。自順治年間，全荒無徵。

新壯田共稅一頃四十七畝。萬曆二十年，運同鄧士元孫兆麟故絶，母王氏願施入學。知縣熊敏詳允送學，除納秋糧銀三兩九錢八分二厘，剩銀解縣給科舉生員盤費，及學道刷印考卷支用，自順治年間全荒無徵。至康熙年間，訓導白世師招墾，內除荒一頃二十六畝二分三厘六毫無徵。墾熟田止二十畝零七分六厘四毫，遞年除雜項無徵，照例立貼正供銀每畝三分一厘七毫，與鄧戶納糧。

社學四　書院一

崇德社學。舊夢褨書院。

廣業社學。東城内北，址存。

復初社學。縣治東北，址存。

明善社學。東門内北，萬曆二十六年換建總鋪。

貴生書院。萬曆十九年，添註典史湯顯祖、知縣熊敏共捐資俸，建於公館東。湯顯祖有記，見藝文。後地震崩廢。

祠祀志

天子柔百神，其自畿而外，郡邑之壇壝、籩豆不領於祠官，有司得以其歲徧之，數則煩，踈則怠，蓋其慎也。雷以文玉興人，惑於其故，沿而爲叢祀。巫史者匝境不人事之務，而惟鬼是求，相於淫矣。夫祀有正有邪，闢邪崇正，邑典也。諸非特建者弗錄，風雲、雷雨、山川、社稷、城隍及厲與民素虔事者，秩而彰之，庶幾哉，反經乎聖廟。

歷代建置，詳見學校，兹録嘉靖後祀典。嘉靖九年，肅皇帝從輔臣張璁議，改正孔子祀典說，改『大成至聖文宣王』爲『至聖先師』。孔子四配爲：復聖顏子、宗聖曾子、述聖子思、亞聖孟子從祀。及門弟子稱先賢，左丘明以下稱先儒，去塑像，設木主。罷公侯伯諸封爵，申黨、申棖二人存棖。公伯寮、秦冉、顔何、荀況、戴聖、劉向、賈逵、馬融、何休、王肅、盧植、鄭玄、服虔、范甯七人祀於其鄉，進後蒼、王通、胡瑗、歐陽修從祀。又以行人薛侃議，進陸九淵從祀，改稱大成殿爲先師廟，大成門爲廟門。祝文樂章凡稱王者，並易爲師。樂舞用六佾，歲以春秋二仲上丁日致祭如儀。隆慶五年，以薛瑄從祀。萬曆十二年，以王守仁、陳獻章、胡居仁從祀。四十一年，又以羅從彦、李侗從祀。

名宦鄉賢祠。學門內左右。

社稷壇。西門外演武亭東。

風雲雷雨山川壇。南門外一里許。

城隍廟。縣內西街，五楹，三座。

土地祠。縣儀門左，廣益堂之後。

邑厲壇。北門外三里許。

伏波廟。蘇軾、李綱有記。久廢。

伏波祠。在討網村海濱，洪武間遷賓朴，址存。

馬王廟。東門外登雲塔前。

關帝廟。北門內，二座。崇禎九年，闔邑士衿同建。

元壇廟。東門外登雲塔左。

太華廟。東門外，原北向文塔。崇禎十年，知縣吳國斗移廟向來當道立起三座。

天妃廟。海安所南門外渡頭，往来渡海者祀之。

北府廟。北門外二里許，久廢。

文昌閣。縣東門內官街南。康熙庚申年，通邑绅士重建。

兵防志

方内繡錯，文以董之，武以震之，兩者未可偏廢也。歷代兵防，制不相同，其因時酌宜，要以爲疆宇之安而已。雷居邊海，需武尤急，明代既立之衛，復設内五所，又添外四所。星列棋峙，稱環拱矣。明三百年來，紈绔子弟徒擁虚名，流弊至末季，大失立衛設所之初意，虚耗可勝言哉。欣逢國朝相地置守，分列轄汛，制度盡善，舉一縣而天下可知。作兵防志。

營署

徐聞營。原額共官兵六百七十六員名，内抽撥兵十五名調入乾體，又抽撥兵二百三十三名調入海安營，尚實額官兵四百二十八員名駐防縣城，并内撥官兵分防石馬、東場港、討網、白盤、青桐、老沙港各臺汛。今陸續抽撥及裁汰，只存留額官兵二百七十三員名，内守千把官三員。

海安營。原額兵一千一百九十二名，徐聞營抽兵二百三十三名調入本營，通共實額官兵一千五百一十四名駐防，并内撥兵分防白沙、三墩臺汛，經制額派哨船二十隻，内撥十四隻灣泊海安河下，尚六隻分撥樂民所港口。該營配兵偵槳巡防。康熙十七年，被楊逆跕陷城汛，哨船毁失無存，官兵從逆逃散。就年十一月内，恢復地方，招復歸伍，及新召募設復官兵一千三百四十二員名。至二十年，各官倡捐造復哨槳船十隻。又二十四年五月，内奉文裁汰外，今現官兵九百四十八員名，哨槳船十隻。

錦囊營。原額官兵四百員名駐防，并内撥兵分防吴家港、牛牯嶺、鹽井臺、調黎，博賒賒各港臺汛。二十四年，奉裁，併歸雷協撥防。

縣炮臺

青桐炮臺。一座，周圍闊二十丈，高一丈二尺，瓦屋三間，茅竹營房一十二間，官房三間。

白盤灣臺。一座，周圍闊四丈八尺，高一丈二尺，茅屋一間，營房四間。

石馬嶺臺。一座，周圍闊四丈八尺，高一丈二尺，茅竹臺屋一間，營房四間。

东場港臺。一座，周圍闊六丈二尺，高一丈二尺，茅竹臺屋一十一間，木寨一座。

討網港臺。一座，周圍闊四丈八尺，高一丈二尺，茅竹臺屋一間，營房四間。

三墩港臺。一座，周圍闊六丈，高一丈二尺，茅竹臺屋一間，營房八間。

白沙灣臺。一座，周圍闊六丈，高一丈二尺，茅竹臺屋一間，營房八間。

博賒港臺。一座，周圍闊四丈八尺，高一丈二尺，茅竹臺屋一間，營房四間。

盐井港臺。一座，周圍闊四丈八尺，高一丈二尺，茅竹臺屋一間，營房四間。

調黎港臺。一座，周圍闊四丈八尺，高一丈二尺，茅竹臺屋一間，營房四間。

牛牯嶺臺。一座，周圍闊四丈八尺，高一丈二尺，茅竹臺屋一間，營房四間。

吳家港臺。一座，周圍闊四丈八尺，高一丈二尺，茅竹臺屋一間，營房四間。

縣烟墩

吳家烟墩。至錦囊二十里。

黃塘烟墩。至錦囊三十里。

博臘烟墩。至錦囊五十里。

博平烟墩。以上錦囊所撥兵守，至錦囊所九十里，至海安十里。

博漲烟墩。

紅坎烟墩。

踏磊烟墩。

那黃烟墩。

西卯烟墩。

䕩崙烟墩。以上俱海安營撥兵守。

包西烟墩。至縣六十里。

下井烟墩。以上俱徐聞營撥兵守，至縣三十里。

哨船

海安營原額哨船二十隻，今十隻。

屯田

屯田之設，自趙充國始。前明府設衛，縣設所。府則内四所：左所、右所、中所、前所是也。縣則外四所：海之海康所，遂之樂民所，徐之則海安、錦囊所是也。其糧其軍三縣均之，載在舊志，昭如日星。必無縣大而屯小，縣小而屯多之理也。萬一朝廷責成，原額民税，何處門補乎。善哉！司理歐陽氏之言曰：民田十年一造，或五年一造，此收彼除，故錢糧不致湮沒，惟屯田獨否。父而子，子而孫，或更與異姓，或鬻於民間，聽其私相授受，曆數十年莫有稽考，弊之叢也，有由然矣。況今國朝鼎興，衛所去而復留，民田荒而莫辯，姑就原志抄錄海安、錦囊二所，其各所至屬某縣田地土名，舊志俱無實指，統載入府志，以待清查。

明外四所各屯二，萬曆九，清丈。

錦囊所。百戶張鎰、朱宣屯田三十六頃六十畝，見在屯軍一十八丁，剩田派在城餘丁舍餘頂種，共額納實徵糧五百一石。

海安所。百戶石榮、張延二屯田地四十頃零五十六畝，共實徵糧五百九十四石六斗。

國朝

國家定鼎以來，雷郡以干戈擾攘，軍戶死於盜賊，繼於流離十之八九，故軍亡而屯廢。迨康熙元年、三年遷界，衛官奉裁，屯田棄於界外，不復知有屯矣。今展界設衛所，漸復官職，而招墾有令，牛種有給，庶幾漸次講求而收屯政之効於邊荒如殘雷也。

海安、錦囊原額税七十七頃一十六畝，内除荒陷税七十六頃四十五畝三分七厘七毫八絲，實在現徵熟税七十畝零六分二厘二毫二絲，又已墾未陞科税六頃四十四畝八分五厘零九絲六忽七微。

軍官

明代雷州府衛指揮使、同知、僉事、衛鎮撫，及各所正副千百所鎮撫等官，陞遷降調無定額，亦無定員，榮其才而食其禄，承襲三百年矣。

國朝定鼎，明代世蔭俱革，今仍譜其職銜并姓氏，世次相承，興廢瞭然可稽，不泯其世澤也。

海安所千戶

徐得。安慶人，正統三年調雷。

徐輔。得子。

徐四。輔子。

徐紹齡。四子。

徐萬英。齡子，嘉靖二十年襲。

邊貴。永平人，洪武年間調雷。

邊寧。貴后。

邊鋭。寧弟。

邊治。鋭子。

邊充懋。治子。

邊世相。懋子。

邊世仁。相子。

邊世翰。萬曆四十一年襲。

余謙。壽州人，洪武二十九年調雷。

余章。謙後。

余鳳。章孫。

余大振。鳳孫。

余重英。萬曆四十一年襲。

余思忠。大振子。

魏琳。武陵人，榮後。

魏寶。琳子。

魏勳。寶子。

佘海。常州人，永樂十九年調雷。

佘重武。海後。

林一麟。翠子。

林一芝。麟弟。

佘兆魁。思忠子。

林桂。一芝子。

海安所百戶

林運。長樂人，洪武二十三年調雷。

林豪。運後。

沈鋁。定遠人，宣德二十年間調雷。

林翠。豪子。

沈淵。鋁後。

沈榮。淵侄。
沈彬。榮子。
沈純。彬子，萬曆十一年襲。
沈作霖。純嫡孫。

錦囊所千戶

高能。宛平人，宣德六年調雷。
高瑞。能後。
高清。瑞子。
高灝。清弟。
高梓。灝子。
高桐。梓子。
田春。通州人，宣德六年調雷。
田滋。春後。
田富。滋子。
田見龍。富子。

田有玉。龍子。
田賓。玉子。
高巨猷。桐子。

錦囊所百戶
謝成。鳳陽人，洪武十六年調雷。
謝瑞。成子。
謝廷賓。瑞子。
謝天龍。賓子。
謝允元。龍子。
謝允亨。元弟。
謝瑤。合肥人，洪武十八年調雷。
謝鈺。瑤後。
謝元思。亨子。
國朝海安、錦囊所設千總一員。
王三錫。陝西人，十八年任。

職官志

夫設郡建治，必有官師。徐自漢武元鼎領於合浦，官師具矣。命名錫秩，代各有置。治定其衡，賢有傳，不肖有傳，雖所傳芳穢不同，要必得其人，論其世，而後品差可定。碌碌者無傳，夫亦嘗臨長此邦，撫柔此民，豈其姓名湮沒同腐草木也。徐俗淳質，無大囂競，鳳鸞猶是，鷹鸇亦猶是。細民小怨，動飛謗帖，然皆匹夫单詞，颷起颷滅，士大夫無陽秋也。以故庸闇者拙可藏，賢智者芳躅亦未易以見。堂堂一郡，開闢千載，其間卓犖奇偉，豈遂乏人？夫郡邑吏無大小，皆得造地方疾苦，倘漫漫無傳，爲善者懈，爲惡者肆矣。記載之典，可一日缺哉。明司理歐陽保志。

元

達魯花赤尹

知縣

馮子傳。

廖文剛。

丞　缺載

尉　缺載

典　缺載

巡　缺載

明

知縣

武亮。浙江舉人，有傳。

蔣伯雄。俱洪武年任。

石彥誠。分寧人，進士，永樂年任，有傳。

李就。廣西人，殘民激變，民縛之謂打虎。

朱瑄。江西人，監生，俱正統年任。

劉瓘。江西人，監生，成化年任。

鍾富。江西人，監生。

朱鑾。宜春人，舉人，慈恕公勤，卒于官。

鄭普。莆田人，俱成化年任。
林昂。福建人，民有地無皮之謠。
陳養正。監生。
趙敩。廣西人，舉人。
平鋼。長州人，十四年任，見名宦。
盧玉。高安人，舉人，弘治年任。
林克潤。閩縣人，正德年任。
江澤。竹溪人，監生，四年任，見名宦。
楊魁。隨州人。
王朴。嘉和人，監生，有傳，俱正德年任。
章昺。餘干人，舉人，嘉靖年任。
黎兌。蒼梧人，舉人。
朱夢昌。高安人，舉人，十年任。
謝崇恩。岑溪人，監生。
呂璋。桂林人，監生，十七年任，有傳。
徐衍。龍溪人，舉人，貪酷異常，士民共怨。

方逢堯。樂平人，監生，二十四年任，有傳。
李錀。臨桂人，舉人，三十二年任。
袁伯嵩。豐城人，舉人，守城失機，流賊刼庫，責民賠補，民心生怨。
康雲程。莆田人，四十四年任，民幸其去，至有燒紙錢送之者。俱嘉靖年任。
謝朝爵。建寧舉人，隆慶年任，有德。
張師益。宜山人，舉人，萬曆元年任，有傳。
田舜耕。林桂舉人，五年任。
蔡宗周。龍溪人，進士，有傳。
陸策。豐城，舉人，十六年任。
熊敏。新昌人，進士，十八年任，陞刑部主事。
陳瑞錫。侯官人，監生，任一月卒。
張大猷。黄陂人，進士，調香山。
莫敢齊。安福人，二十七年任。
張日曜。福清人，舉人，三十年任，有傳。
盧楠。寧都人，選貢。
孫世芳。會稽人，舉人，陞廣州府同知，民德之。

趙一鶴。吳縣人，舉人。
許廷諫。慈谿舉人，四十七年任，陞平原通判。
應世虞。仙居舉人，天啓二年任，建文塔，陞本府同知。
郭喬埈。通山舉人，崇禎元年任，陞兵馬。
王文煒。富川舉人，五年任。
吳國斗。休寧人，進士，八年任。
丘懋樸。貴州人，舉人，十二年任。
倪秉元。湖廣人，陞潯州同知。
楊文芑。湖廣人，貢生，十八年任。

縣丞

楊秀全。靖州人，洪武三年任。
楊添佑。五年任。
馬高。浙江人，永樂年任。
汪淮。直隸人，監生，正統年任。
余寵。南靖人，吏員。

郭敦。湖廣人，正德年任。

陳濟。福建人，吏員，成化年任。

莫雄。廣西人，吏員，天順年任。

劉淮。寶坻人，有傳。

劉芳。柳州人，監生，嘉靖年任。

林應驄。莆田人，進士，四年謫任。

蕭翰。內江人，十二年任，陞知縣。

彭瀾。通州人，十八年任。

徐時。永康人，監生。

王復宗。永嘉人，監生。

項給。瑞安人，吏員，二十六年任，有傳。

曾學禮。新塗人，吏員。

張大顯。永定人。

劉傳。萬安，例監。

喻楨。滕縣人，監生，四十二年任。

廖文魁。賓州人，監生。

趙鑑。紹興人，例監，俱嘉靖年任。
夏應兆。貴溪人，萬曆年任。
張用章。寧海人，例監。
周宗夏。蕪湖人，吏員，八年任。
萬曆九年裁革。

主簿

彭用乾。成化年任。
藍俊。廣西人。
孔進。封州人，俱成化年任。
李洞。廣西人，弘治年任。
萬福。湖廣人，承差。
劉師賢。福建人，俱弘治年到任。
程子厚。三山人，正德年任。
權旺。襄陽人。
曾宗仁。直隸人。

王英。南昌人。
楊縉。進賢人。
袁縚。湖廣人。
何文煥。楊〔一〕州人。
楊及松。馬平人。
周文奎。永嘉人，監生。
余翀。上饒人，知印。
李俊。江西人，知印。
陳讓。豐城人，吏員。
葉雄。慈谿人，吏員，俱嘉靖年任。
湯敬訓。宜興人，例監，隆慶年任。
揭陽。歸化人，例監，萬曆年任。
尚仁博。南昌人，例監。
蔣元修。北流人，監生，仁厚慈祥，人愛之。

〔一〕楊，當爲『揚』。

林正文。隆安人。
唐仁文。全州人，吏員。
金鑄。慈谿人，例監。
趙子美。貴池人，吏員。
曹科。太平人，例監生。
陸應陟。崑山人，監生。
郭澄。山陰人，吏員，署縣貪酷，民至今怨之。
程文光。歙縣人，監生。
張應理。太平縣人，吏員，四十三年到任。
顧白順。吳江人，俱萬曆年任。
洪日成。龍溪人，天啓年任。
王應儀。浙江人，崇禎年任。
何繼祖。射洪人，選貢，陞白水知縣。
丁大賢。烏程人。
郭連城。旌德人，俱崇禎年任，已後裁。

典史

劉孟謙。弘治年任。

劉鑑。

陳澤。福建人，俱弘治年任。

秦昂。正德年任。

戴鼎。宜山人。

羅榮。懷集人。

王興。懷安人，俱正德年任。

宋瑞卿。嘉靖年任。

汲洙。福清人。

黄鐙。莆田人。

黄華。恭城人。

鄭一庸。莆田人。

經仁朝。全州人。

熊烱。南昌人，俱嘉靖年任。

蔡思宗。晉江人，隆慶年任。
李仁翰。休桂人，吏員，萬曆元年任，防倭有功。
彭松。南昌人。
郭彌嵩。當塗人。
葉有紀。南平人，貪酷害民。
陳良韜。晉江人。
添註湯顯祖。臨川人，癸未進士，十九年謫任，見傳。
陳志元。永安人。
蘇朝舉。莆田人。
袁一寀。宜春人。
施鳴和。青陽人。
凌憲。定南人。
邵國禎。廬陵人。
施萬斛。永豐人，卒于官。
白鳳翔。會稽人，四十一年任，半年卒于官。
石承寵。太平人，四十二年任。

孫顯誨。江南人，天啓年任。
杜華國。山東人，崇禎年任。
徐廷瑜。浙江人。
徐繼春。浙江人。
曾汝鼎。江西人。
陳佳祥。浙江人，俱崇禎年任。

寧海司巡檢

周文政。
潘與。懷安人。
余芳。莆田人。
江福。休寧人。
江浚。休寧人。
周清。鄞縣人。
陳洪壽。沙縣人。
林鳳標。南安人。

范彪。齊東人。
劉廷器。新塗人。
胡瑩。豐城人。
盛浦。於潛人。
薛廷相。福青〔二〕人。
石廷用。上虞人。
郭鏞。上杭人。
唐才積。義寧人。
伍永開。全州人。
鄭雲翰。山陰人。
劉承啓。平樂人。
歐秋榮。惠安人。
楊承祚。當塗人。
黄茂章。福青人。

〔二〕當爲「清」。下「黄茂章，福青人」同。

朱光賢。詔安人。
黄廷璋。貴池人。
唐良橋。全州人。
陳吾策。餘姚人。
施天政。孝豐人。
黄仕貞。慈谿人。
吳愛民。宣城人。
顧錫祥。長洲人。俱崇禎年任。

東場司巡檢

梁晋轉。
楊裳。大邑人。
歐萬海。
吳徽。祁門人。
韓鸞。
劉國用。五河人。

陳棟。安慶人。
來誥。萬安人。
李棟。江西人。
王希賢。浙江人。
劉汝揖。沾化人。
陳鵬。定海人。
汪鎧。旌德人。
蕭良。莆田人。
張節用。德興人。
陳珂。弋陽人。
王文楮。陽朔人。
張津。龍溪人。
許應鵾。臨州人。
楊應魁。寧國人。
顧俊。晋江人。
魏大鉉。建安人。

趙不矜。莆田人。
鄭正豐。晋江人。
何汝華。福清人。
吳昌裔。建平人，崇禎年任。
施兆昇。福清人。
陳于學。長樂縣人。

國朝

知縣

胡守欽。舒城人，貢，順治九年任，貪酷，與弁洪維新虐殺士民，通縣啣怨。
熊世熠。建陽人，十年任，魯朴投李定國，被海舟覆，全家死。
吳之琯。黄陂，貢，十四年任，清廉。去官後，父老立碑，在籍，故後徐士民聞訃吊祭，見傳。
張志高。遼東人，順治十七年任，貢士，剛毅正直。
葉國章。黄陂人，舉人，康熙元年任。
王玉鼎。陜西人，吏員，由縣丞陞，革職卒。

宋灝。漢陽舉人，康熙七年任，嚴毅撫字，卒于官。
李愈熾。湖廣舉人，康熙十二年任，卒于官。
陳世傑。遼東人，康熙十六年爲海寇所逼，全家被擄。
閻如玠。山西絳州人，庚戌進士，康熙十九年任。

縣丞

缺載

主簿

缺載

典史

余邦俊。湘潭人，吏員，順治十二年任。
仵琮。富平人，吏員，十五年任。
陳際熙。浙江人，康熙元年任。
龔世麟。藁城人，吏員，十年任。
陳世德。浙江人，二十年任。
劉弘基。金華義烏人，二十三年任。

寧海司巡檢

王紀。杭州人，吏員。

張文煌。浙江人，吏員。

沈綸。浙江人，二十年任。

東場司巡檢

魏永祚。陝西人。

于兆年。宛平人，康熙十年任。

張三秦。陝西人，吏員，二十二年任。

李用文。浙江人，二十五年任。

海安所倉大使 世數無考

張翼。新會人。

莫濬。靈山人。

梁伯條。四會人。

陳表。莆田人。
歐陽餘。蒼梧人。
譚應。蒼梧人。
黃大順。莆田人。
童津。慈谿人。
魏長樂。莆田人。
李鳳來。孝感人。
潘翰。懷安人。
秦元範。全州人。
石岳。臨桂人。
舒濟。溆蒲人。
曾榮。龍溪人。
文均言。全州人。
蔣朝誥。全州人。
陳天成。海陽人。
蔣朝試。全州人。

歐陽貞。福寧人。
莫如恩。廬陵人。
陳國政。嘉興人，萬曆四十年任。
唐廷柄。全州人，萬曆四十二年任。
羅世卿。高要人，崇禎間任。

錦囊所倉大使 世次無考

胡劍。
王國美。
陳理。莆田人。
陳居易。莆田人。
陳一清。靈川人。
葛用伸。宣化人。
朱大用。南昌人。
許立元。莆田人。
劉瑀。莆田人。

蔣嘉宗。全州人。
楊李信。福清人。
唐文顯。全州人。
林大資。漳浦人。
林蕃。新建人。
鄭隆。
唐文璉。全州人。
闞夢。南海人。
翁翰。莆田人。
張宗清。莆田人。
林藩。羅定人。
宋廷怡。南安人。

英利驛丞 缺載

國朝裁海安所大使一員、錦囊所大使一員。

教職

宋元

缺載

明儒學教諭

楊宗盛。
紀輔。閩縣人，有傳。
周冕。湖廣人。
李驥。龍溪舉人。
周昌。南昌人。
李天民。莆田舉人。
王鏷。莆田人。
譚章。廣西舉人。
楊穡。宜山舉人。
葉秀。桂林舉人。
緒東周。馬平籍，高郵舉人。

陳份。瓊山人。

文桂。鬱林舉人。

馬仲芳。全州舉人。

李允經。融縣舉人。

王良佐。南靖人。

黃延年。林桂舉人，有傳。

秦伯修。全州舉人，溫和愛士，衆心悅之。

許登伯。高安人。

胡崇舜。馬平人，慷慨重義。

周繼初。武昌人。

董思頤。南康人。

馮瑞。順德舉人，陞柳州府推官。

歐兆元。樂會舉人，陞南京翰林院孔目。

招舜年。南海人。

葉熥。閩縣人。

曾唯。臨高人。

陳邦華。連江人。
林建中。漳浦人。
汪巨翰。惠來籍，河南光州，舉人。
章時學。德化人。
游學程。順德舉人，陞富川知縣。
張一元。樂昌人，貢生，十三年任。
吴應祥。吴川舉人。
吴葉雲。安定人。
黄龍翔。南海貢，崇禎十四年任。
黄學翰。始興人。

訓導

宋璧。
榮伯祥。
吕鼎敘。
程銘德。

林秀。晋江人，舉人。
侯榮。宜山人。
王福。化州舉人。
湯鑑。南直隸舉人。
郭文。漳州人。
夏祥。江西人。
李著。南安人。
宋珣。柳州人。
陳淮。長秦人。
陳子榮。潭浦人。
陳濟。番禺人，陞崖州學正。
溫仁。惠安人。
黄文郁。横州人。
李一棟。化州人，陞鬱林學正。
王俊。海陽人。
黄世美。程鄉人。

梁景光。高要人。
卓方。長樂人。
鍾侖。上杭人，文行蕪優，告歸。
黎思聰。東莞人。
王光裕。永安所人。
何讓。四川人。
羊兆麒。儋州人。
陳于震。瓊山人。
唐帝臣。瓊山人。
張希九。西江人，博學多才，不受貧生贄。
李上儒。陽山人。
王一造。瓊山人。
梁岳。文昌人，貢，四十一年任。
李上儒。韶州人，貢，十四年任。
鍾大成。雲南人，貢，十七年任。

國朝 國初學博率沿明舊，多係委署。至康熙初年，定例訓導一員，餘俱裁。

訓導

陸元徵。浙江人，貢，被殺。

龐建彬。廣州人。

白世師。樂昌人，貢，康熙五年任。

馮應魁。紹州人，貢，十三年任。

韓偉猷。潮州平遠，貢，二十年任，卒。

康熙二十年設復教諭。

教諭

丘琳。連州人，貢，二十一年任。

徐原無武官，自國朝而設海安營水師副將。

江起龍。徽州人，由参将陞。康熙四年巡海追賊，風發舟覆，死之日合郡哀之。

都司

馬之迅。

康熙九年，裁海安三府副將，設遊擊一員。

遊擊

薛保。康熙十年任。

巴國榮。十七年任。

楊之陞。二十二年任。

守備

夏正。錢塘人，武進士，二年任，八年卒於官。

王天祿。魯頌。

張承詔。十八年任。

曾奇榜。福建人，二十三年任。

千總

區昌顯。

林一勝。

郭奇明。

陳天鳳。

何剛。

陳躍龍。

把總

陳仕斌。

李珍。

黎應隆。

傅強。

李鳴鳳。

鄭明。

梁材。

梁旺興。

徐聞營城守

遊擊

洪維新。福建人，居電白，以投誠委任，貪婪殘酷，徐聞受害甚多。

傅進忠。河間人，順治十二年任。時海寇猖獗，擄掠居民。忠奮勇先登匹馬擒賊，惜援兵遲至，爲賊所害，合邑傷之。

張文詔。榆林人，十四年任。

鄭昌仍。十七年任。

許朝。康熙六年任。

守備

蔡珍。泉州人，順治十二年任。

王範。保定人，順治十四年任。

康熙八年裁遊擊，止留守備。

吴起鳳。康熙八年任。
陳居安。康熙十三年任。
閆梅鼎。山西人，十五年任。
宋瑞昭。陝西人，二十二年任。

千總

翁魁。漳州人，由行伍，順治十二年任。
翁棟。漳州人，十五年任。
陳萬勝。肇慶人，二年任。
駱元。福建人，十三年任。
陳聰。海康人。
吴有隆。漳州人，十二年任。

把總

陳勝。雷州人，十五年任。
劉鳳。漳州人，十五年任。

陳仕華。英縣人，康熙二十三年任。

陳昌。番禺人，康熙二十三年任。

錦囊營

守備

馬如鯨。

胡宸。十年任。

朱榮茂。

鍾貴。

千總

林春。

遲強。

唐玉。

名宦志

夫仕宦而梯榮，苟祿沾沾肥身家者衆矣。當時快意，沒即泯焉。乃流曜乘休名著天壤，此今昔之所艷，而纓笏之所重也。夫豈可以無實盜得者哉。鶚餙、鸞音、虎文、羊質，三尺童子辨其非類，駑蹇之足題於驊騮，燕山之石寶爲荊璧，千載公心亦自難混。夫惟有其實者賓其名，必施嬙之質，斯可稱爲淑媛。非龍淵之鋒，不足語於剸割，故宦亦多術矣。實心實政，未必美名；餙虛矯僞，未必不名。屈法以媚權紳，足恭而下豪士，即其人生平羞對聖賢，而翕訿之譽往往隨之。執法而問強猾，持平而扶寒酸，即其人品行可埒，夷由而群小之慍，或不免焉。則其相傳以勒之志乘，而稱爲名宦者，果盡出於華衮之公，而不參以愛憎之口否也。然則居今而評往宦，何道之操，亦惟循名以責其實而已。夫宦績所樹，大都不越廉明公正，剔蠹釐奸，惠和幹辦，興利除害，數者果通才卓越，或一節挺持，廉愛有徵，興剔有據，是真績也。前名之，今亦名之，緇衣之好，安敢誣也。反是而覽其詞則美，究其實則渺，是浮譽也。前名之，今不敢名之，覼塲之和，何敢效也。聞之千里，比肩百世，隨踵賢固未易多也。鷙鳥累百不如一鶚，賢亦何必多也。不然瑕瑜雜收，真似混列，跼蹐而博寬大之譽，模稜而標清淨之稱，將奇偉卓犖之士羞與爲伍，而有志者竊笑之矣，是傳志之恥也。明司理歐陽保志。

武亮。浙江人。洪武三年知徐聞縣事，時草創法制未備。亮招輯流離，披荊棘，築坡塘，使民獲保生業。興學校，教子弟，使民知有禮義。凡公廨、館驛、橋梁、道路，悉心經理，百代咸舉。祀名宦。

平鋼。貴州宣慰司人，舉人。弘治間，知徐聞縣事，性情介，而政尚平恕。時縣治以避寇附於海安所，軍桀甚，民不能堪。鋼力請遷於原邑，工未就而卒，子孫因留家焉。祀名宦。

王澤。竹谿人，監生。正德年間，任崇明縣丞，以捕盜功陞徐聞知縣。時縣新遷建縣治儀門、譙楼，随建文廟、齋堂、門廡、泮池，立城隍，開官井，砌城池，百廢俱新。申請監司，率三縣夫助役，故民不甚勞而大功就緒。旋乞致仕，邑人至今思之。祀名宦。

王朴。嘉興人。正德間，知徐聞縣事。清介自持，有得罪而餽金求脫者立卻之，竟繩以法。勞心撫字，請蠲檳榔雜稅，瓊雷商民咸德之。祀名宦。

劉淮。任徐聞邑丞。自洪武間，沒韓佑老等民田，改科官田，糧額增至二萬有奇，民病者百餘年。正德，求蒞任署篆，兩奏懇激，改復民科，實徐聞萬世之利。祀名宦。

吕璋。臨桂人。嘉靖年間，知徐聞縣事。諏求民瘼，汰去苛政，捐俸買地，建社學，出贖金，儲穀以賑饑民。子調陽中榜眼，位登宰輔。封璋如其官，人以爲食循良之報。

方逢堯。樂平人，舉人。嘉靖間，知徐聞縣事。才思敏達，丰采凜然。時縣治凋敝，逢堯慨然以鼎新爲念，凡縣署、學宮、街渠、坊表，至今存者，皆其功也。有良民被誣，逢堯親赴府，焚香代爲之矢，竟白其寃，治者五十餘人。在任八年，陞南安知州。

項給。嘉靖二十六年，任徐聞縣丞。性慷慨，庶務練達，身雖異途，而雅尚儒，素與長官氣節相高，未嘗少自貶屈。廳有清軍，嘗例一切禁止，門役不敢窺以私焉。

謝朝爵。建寧人，舉人。隆慶間，知徐聞縣事。時海寇充斥，民多逋匿。爵至，首諭招撫，民皆復業，加意節省，一切供億，悉準均平。隆慶壬申春，倭賊壓境，爵扶病巡視不倦，孤城獲保。性嚴明，吏書不敢爲奸。歲當履畝攢造有饋暮金求改圖者，爵時已疾篤，猶厲色却之。清操終始不易，卒於官，徐民如失怙恃。

張師益。宜山人，舉人。萬曆初，知徐聞縣事。性醇雅，推誠及物。瘞枯骨，闢南湖，建魁亭，文運從亨。嘗創邑乘，以備文獻之考焉。

蔡宗周。龍溪人，進士。萬曆中，知徐聞縣事。性簡澹，以嚴成寬。初下車，適值履畝，豪右匿稅者衆。公廉知狀，悉功按之經界以正，其骫於法者沒入學宮，資弟子員供給。雖浮議不以動，戶無浮糧，國收實課，鋤強植弱，權在里社，怨在吏書，口碑在編民，睚眦在豪右。詳具去思碑中。

張日曜。福清人，舉人。萬曆三十年，知徐聞縣事。姓英建祈兩造，以片言擬律，罪在不屬，胥曹追徵，條鞭德民，貨物準析捐省耗餘，闔邑稱便。嘗奉委親點排門，不擾民間一蔬，供億悉用功平，毫無科派，公庭清肅，吏冷多遁，間以衣食濟之，兩當入覲，民詣臺部留之。

徐肯播。靖安人。任海康學教授，署徐聞縣事。寬嚴得體，政無鉅細，稟理爲裁，苞苴一無所染，士民誦之。

林應驄。莆田人。由進士戶部員外郎。嘉靖四年，以議大禮謫徐聞丞。丰采節操，雅重一時。力所可及，悉振舉之。名宦、鄉賢二祠久廢，捐資修建文廟。抶祭器，準古制度，鑄之既成，有五色鳳來集，驄建來鳳坊以紀其祥。祀名宦。

湯顯祖。字義仍，臨川人。由進士任禮部主事，以建言謫徐聞添註典史。雅負才名，淹貫文史，延引士類。海之南北從道者衆，建會館曰貴生書院。自爲說以紀，劉允陽祭酒有記，遷遂昌知縣。

登仕志

鄉賢附

士生世間，惟德與才，兩者華實分焉。文則才之緒，而華之餘也。古重薦辟，左華右實，科目制興，舍才德而獨程文藝。能此者，躡足青雲，雖素行不類，弗問也。不能此者，終老巖穴，雖有淑德異才，弗問也。則採華忘實亦甚矣。且所謂文者，又非千古不朽，不過訓詁舉業，襲前人之唾餘，爲後來之新馥，轉盼之間，便成臭腐。如剪綵爲花，何裨實用，上既以是取之矣。爵祿在身，事權在手，然後品其德行，甄其才猷。譬如娶婦者，初惟姿色是求，彼其閨範之善敗，女紅之工拙，俱不置念。抵家而始議其短長，不亦晚乎。試觀世有逆節倍義之夫，使搆孝弟之章，一叚爱敬之詞，宛然可掬，平居揮毫，模擬高情，亮節灑灑，可聽及試之，仕途至有卑汚，苟賤不可對於妻孥何？則彼其習者科目之嚆矢，套也僞也。優孟之學叔敖衣冠者也。是故方其鵬摶鳳舉，鄉里羡之，親戚榮之。及其敗名辱節，鄉里恥同桑梓，子孫羞舉姓名，反不若布衣行誼之士稱於世。以華取人，弊固若斯也。夫用而後擇，孰若擇而後用。區區糟粕數篇，果足以盡羅天下之豪傑哉！且如鄉科、甲科，均以文藝進者，才情智識要亦互相伯仲。今不論人品力量，槩程以資格、名位、崇卑，樹立難易，判若霄壤，又何恠乎科目外者不局曲輪轅哉。三代以來，蕩蕩平平，況鍾以掾吏守蘇州，士奇以儒生登宰輔，自茲以後，清華一片地，鄉貢莫敢望焉。

豈今昔人才遂不相及乃爾乎。世路本寬，人心自窄，則末俗之偷也。語云：資格以待中才，破格以待豪傑，變而通之，稍還古初，不存乎特達人哉。嗟乎，蝸角蠅頭，烟雲通眼，士所不朽，固有在也。徐地雖僻，人才産焉，分途别類，聊隨世眼，鑒往徵來，士宜知所自樹矣。司理歐陽保志。

元

張應薦。石城縣知縣。

陳以謙。任雷州沿海總管千戶。

明

陳淵。南京國子監紀錄，祀鄉賢。

李實。武寧知縣。

劉朝宗。朝定縣丞。

黄成。杭州府同知。

宋璧。信宜知縣。

羅惟和。安福巡檢。

林宗溥。監察御史。

吳謙。上猶知縣。

鄧宗齡。翰林檢討。

廖克福。宜山教諭。

蘇得厚。修仁訓導。

楊永源。秦新訓導。

陳應炎。兵科給事中。

陳隆貞。江西雩縣訓導。

馮哲。高安訓導。

陳元。淵孫，南海教諭，祀鄉賢。

鄧邦基。興化府通判。

鄧邦髦。任澧州、泗州知府，祀鄉賢。

陳文彬。徐聞，中廣西鄉試第六名，隋州知州。

陳大訓。荔浦知縣。

駱上乘。慶遠推官。

駱効忠。鬱林知州，祀鄉賢。

吳守經。萬曆恩選，任瓊州府儒學，有傳。

鄧宗京。江西興安知縣。
陳大勲。藍山知縣。
鍾震國。婺源縣丞，有傳。
石淵。儀禮司序班。
鍾緝熙。浙江按察司副使。
鍾克敬。太平知府。
劉文仲。刑部主事。
蔡宗紹。俱洪武。
鄧鑑。山西道御史。
劉慎。耀州知州。
鍾儒。交阯永通知縣。
鄭敬。樂安知縣。
吳南金。交阯縣丞。
陳鉉。山東道御史。
林傑。嘉興縣丞。
鄭昊。黎源知縣。

何以能。訓導。
劉禮。南寧訓。
曾禧。向武州判官。
陳敦。福州衛知事。
陳璉。貴州長官司丞。
黃彥改。江西都司斷事。
張文顯。興國訓。
駱廷璧。象州訓。
陳德淵。新淦訓。
蘇慶。歸化教諭。
廖賢。萬載教諭。
陳桂芳。樂令訓。
陳忠。臨高訓。
陳策。瓊州訓。
勞文盛。荊州府奉祀審理。
陳璟。經歷。

張衡。平南教諭。
陳公望。感恩訓。
文璧。瓊山訓。
鍾世盛。松江府教授。
柯懋。滕縣教諭。
黄澄。全州學正，祀鄉賢。
鄧仕元。漳州府監院司同知。
鄭時賓。徽州府通判。
黄道勝。蒼梧知縣。
黄天賜。文昌教諭。
鄭時賢。梧安知縣。
鄧天成。榮安教諭。
林鳳儀。融縣知縣。
鍾山。吴川教諭。
馮鐸。吴川訓。
鍾大猷。貴州縣丞。

鄧林春。洛容縣知縣，俱隆慶。
廖一儒。潮州教授。
鄧一芝。太平府通判。
黄孟靈。陽春訓。
陳素著。程香教諭。
駱世豪。龍川教諭。
鍾一德。貴池訓。
廖允元。平遠訓。
陳兆台。合浦訓。
駱呈圖。江夏主簿。
廖熙濂。蕭山縣丞。
駱效良。臨高訓，俱萬曆。
鄧宗軾。崑山縣丞，有傳。
廖熙捷。太平主簿。
陳日乾。錢塘主簿。

登〔一〕宗良。瓊州府訓。
駱身之。花縣訓。
許光岳。新安訓。
鍾聲緝。恩平訓。
鄧邦嘉。武昌經歷。

宋武功

王紹。以軍功任交阯指揮。

明掾史

臧自新。應天府河泊。
黄節。湖廣巡檢。
黄紹賢。柳州巡檢。
徐克茂。江西德化典史。

〔一〕疑爲「鄧」。

李高。主〔一〕杭主簿。

陳大有。崖州倉大使。

徐日積。南京豹韜右衛倉大使。

馮琯。麻陽典史。

吳繼本。聽選典史。

國朝

掾吏徐聞房科。未有經考。

鄉賢

夫鄉賢者，以懿德瑰行名之也。如以貴歟，則金張許史，宜標大聖之稱；如以富歟，則猗頓陶朱，必列上賢之譽。然而西山逸士，東海布衣，捉襟肘見之輩，往往聲名不朽，而富貴反湮沒焉，則所重可知也。邇來人心大非，古志崇勢利而簡寒微，尚奔競而抑恬澹。富貴之人羶悅者衆，即一善甫行，而譽

〔一〕疑爲『上』。

已滿於四域。閭巷之人孤立寡援，雖闇修仁義，而播揚弗出於室廬。概觀斯世，登巍科陟膴仕，子孫顯貴者，以宦必名，以鄉必賢，反是而實行，鑿鑿不負青雲，終亦沉淪塵土而已矣。今竊慨焉，人固有真面目，論人亦須有真權衡。若狥〔一〕一日浮華，爲千秋實錄，只登科一錄，仕宦一籍，封誥一册足矣，何必爲此擾擾也。

徐處海濱，扶輿清淑之氣，蘊而未洩。二百餘年，甲第數人，鄉書亦可縷指，巍科顯秩尚有待焉，風俗人心猶在淳龐間也。然舊志所載人物，大都科目明經十居八九。布衣行誼，尚落落焉，則所稱月旦，鄉評果盡，公而無私耶。夫論才於貴盛煩華之地，其道宜嚴，論才於人文稀澗之鄉，其道宜恕。故徐之甲科苟無大過，姑載以示向往科目明經，稍致參訂潛德隱行，果有實跡，必加採錄，此蓋微顯闡幽挽勢利之澆，以還古初之意也。司理歐陽保志。

元

陳淵。行誼素修，尤篤於孝悌。至正間，薦爲乾寧安撫司儒學教授，淵辭不就，時論高之。至洪武初，搜求人才，有司以淵學行薦，始出仕，官至國子監學錄。生平一味清修，鄉里推重。祀鄉賢。

〔一〕當爲「徇」。

明

鄧鑑。由胄監歷官侍御史，秉公執法，不避權貴，彈劾有聲，時凛然憚之。祀鄉賢。

按：以胄監擢侍御，非賢不能爾爾。

陳元。淵之孫，以孝義聞。學尚窮理，克纘家風，領鄉薦任南海教諭。造士有方，從遊甚衆。嘗註本朝名臣錄。祀鄉賢。

駱廷用。十八都人。闇然好修，恬於聲利。二次讓貢與同門黄玹、陳端，吏部移文嚴核强出，應十四年貢，力辭以冠帶，自老不肯授官。有隱逸回文詩八首遺後。

勞文盛。别號清溪，學行超邁，爲有司所重。時縣遷海安所，軍强民弱，頗患苦焉。盛乃倡義呈復賓樸，武弁有中傷之者，以知幾獲免，由歲貢監生官審理致仕。生平好施與，雖囊篋蕭然，而有求輒强應之，人深御其德，惜再傳而絶，士論傷焉。

鄧桓。字子立，少負奇氣，好古文，居家孝友，均産必厚於弟。鄉有貧者，貸不取償，應貢入太學。業成乃還，逾二十年不受銓，人高其致。子焕以孝謹聞，老於儒官。孫邦基、邦髦，曾孫宗齡，科第世美。宗京以貢補興安令，爲徐邑望族云。

黄澄。制行端方，不狥〔一〕時好。任瀘溪訓導，捐俸濟貧，陞全州峻贄禮官。居二任，囊橐蕭然。祀鄉賢。

鍾世盛。性温厚，而課督子弟最嚴，雖元旦不令輟業。四子各佔一經，俱成名，則善訓力也。四任博士，有郤贄捐俸之操，士類慕之。林居恬靜好施與，族黨貧乏者藉焉。時以公德擬黄澄云。

鄧士元。字虞臣，以貢監授漳州司理。奉檄徵勦倭寇，累戰有功，陞本府丞，轉監運同。士元居鄉，恂恂不爲崖異。敦孝友，性好施與，常捐田以濟族之貧者。念學校課業，無需割田以資費。其後子孫恪守遺訓，可謂不忝箕裘矣。

陳素藴。字鳴盛，生於鳳至之年。比長，有才名，雅好吟詠，尤攻書，補邑庠。是時，徐自成化戊子後，科目缺九十。藴居常，以脱穎自期。嘉靖乙卯，赴試作詩曰：八十八年徐士恨，今秋奮起待人龍。是年果領鄉薦，嗣後登第者相繼。任詔安縣令，有惠政，卒於官。

廖一儒。以明經歷下邳、鳳陽、永豊、潮郡博士，所至咸多建豎。捐俸濟諸生之貧，其有寃誣，則力爲昭雪。以故在在見思。性謙而介，每事持大體。時有議抑鄧、陳二公祀者，賴公力得復俎豆。父秉彝，壽享九十二。陳直指旌賜米絹。其子允元、茂元並以明經獲雋。

吴守經。少孤，事母辛氏至孝。攻苦自立，應明經選，以母老不仕。性好施。族姪自強，父貧鬻之

〔一〕當爲「徇」。

遠賈，賈將挾以還。經聞其事，急索鏹償其直而歸之，仍割産以給。族女貧，已過摽梅不能字，經具奩遣之，成其伉儷。孝友天性藉人口。

鄭時賢。偕兄時賓，後先歲薦，任沙縣令。政明達，秉性剛介，澹然自持。卻餽裁蠹，民甚德之。未久，以憂去，再補隆安。有以私賂者，納貨於食缶，時賢發而罪之。一時邑中辟易，目爲神君。尋解組家居，謝跡公庭。

鄧宗齡。字子振，自少穎悟絶人，博綜群籍。年十九，以儒士登丙子鄉書。癸未成進士，選翰林院庶吉士，補檢討，名震玉堂。少精舉業，嘗著《舟中草》，海内誦之。選古文數十卷傳於世。宗齡體貌魁偉有逸度，人咸謂其有公輔之望，惜嗇于年。著有《玉堂遺稿》，祀鄉賢。

鄧邦髦。偕兄邦基同領嘉靖辛酉鄉薦，任泗州、澧州、靖州三州知州。政尚清簡，寓撫字於催科，詰奸摘伏，號爲神君，民不敢犯。凡州中利病，宜因宜革，力詳上臺，爲民請命，州人祀之。嫡子宗京，以恩選任江西興安知縣，草書冠一時。仲子宗相，領郡庠歲薦。邦髦品重官方，名標月旦。祀鄉賢。

駱效忠。萬曆戊子鄉薦，任欝林知州。爲政清簡，有一簾秋月之清。轉崇、榮二府左長史，進階正四品，誥封中憲大夫。任歸，凡先世遺産，悉推分兄弟。復增置義田，以贍宗族之貧者，時高其義。祀鄉賢。

陳文彬。天性孝友，登嘉靖甲子廣西鄉薦，知隨州。歸，俸橐悉均之親族。時錦囊兵變，賴彬調之，得解。

吴桂馨。博學敏行，邑庠推爲儒宗。少喪父母，事祖母以孝稱，有班衣舞綵之風。兄弟三人，事二兄如嚴父。每案必同食，未至，不敢舉箸。侍湯藥，終夜不解帶，孝恭之節，鄉黨共稱。又素行公直，邑有大事每就咨決，咸服其明斷焉。孫平選貢，人以爲世德所貽。

鍾震國。學行優長，鄉評推重。由邑廩應天啓元年選貢，就北監讀書。崇禎八年，授徽州府婺源縣丞，署縣事，有惠政。蒙撫按旌獎，陞湖廣荊州府參軍。以親老，告歸侍養，士民攀轅留之。居家，周濟族隣鄉人。有不平事，善爲排解，合邑欽之。男聲繹，乙酉舉人；聲緝，康熙九年歲貢。克繩祖德焉。

鄧宗相。邦髦之仲子也。性恬靜，博通書史。事嫡母至孝，補郡廩。兩中甲子癸酉鄉試副榜。領崇禎間郡庠歲薦，就北監讀書。不第，遍遊名山，舉筆千言立就，爲世儒宗，縣令倪秉元辟薦旌獎。子元瑛、孫禧，同中乙酉舉人。順治癸己年，元瑛同子禧爲酷弁洪維新所害，以致覆嗣，合郡哀之。

鄧宗軾。由歲貢授崑山縣二尹。居官清廉，撫按優獎。爲病告休，士民留之。比歸，處族黨，得其懽心。誘後進，朂以有成，文藝德行，重于月旦之評，傳之武功。

柯有年。邑人，教諭懋之子，補邑庠生。性慷慨，尚氣節。嘉靖四十年，海寇刼村甚急，有年語兄扶其父懋出走，以身禦敵而死。賊退，村賴以保。鄉人立祠祀之，扁曰忠勇。

陳邦傑。邑人，素威武。隆慶初年，海寇剽掠，衆推爲大會長，尋立爲哨官。六年，倭寇逼城，衆洶洶不自保，邦傑挺身出戰，手刃二賊。會賊衆繼至，遂遇害。然賊氣亦索。王言繼戰，賊即解圍，先驅之力也。

王言。邑人，勇健非常。隆慶初，海寇登北岔港，掠男婦數十。言帶土兵追躡，遂奪以還，斬賊首。報縣，縣令旌之，署爲哨官。六年，倭復逼城，屠戮甚衆。言與陳邦傑同出禦寇，邦傑逾〔一〕害。言愈奮厲，整卒行列，用火器連斃二賊，復手刃其一，因奪其馬而乘之。賊圍遂解，城賴以全。事聞當道，欲録用之而卒，時年三十二。

國朝江起龍。江南徽州人。順治十三年，任水師參將，駐扎白鴿寨通明港。康熙三年，遷海，移水師海安口，而此地遂墟。起龍鎮海安數年，兵民帖服。八年，因海口遊艅飄忽，出海捕盜，風發舟覆，遂溺死焉。民至今頌公而惜之。

〔一〕逾，當作『遇』。

人物志

徐之人物，自元朝延祐間梁解元開風氣之先，嗣後而宋而明，科甲寥寥，亦不乏人，聊從舊志紀之。

元甲科缺。

鄉舉

梁特卿。任湖廣教職，入湖廣科解元。

明甲榜

林宗溥。洪武乙丑，丁顯榜。

吳謙。永樂甲，曾棨榜。

鄧宗齡。萬曆癸未，朱國祚榜。

明鄉舉

林宗溥。洪武甲子。
廖克福。洪武甲午。
蘇得厚。洪武癸丑。
吳謙。永樂癸未。
楊永源。永樂乙酉。
王宗裔。永樂乙酉。
陳應炎。永樂戊子。
陳隆貞。永樂甲午。
林觀。永樂甲午。
王廉。永樂甲午。
馮哲。正統辛酉。
劉直卿。成化戊子。
陳元。天順壬午。淵孫。
陳素蘊。嘉靖乙卯。

鄧邦基。嘉靖辛酉。
鄧邦髦。嘉靖辛酉。
陳文彬。嘉靖甲午，中廣西。
鄧宗齡。萬曆丙子，邦基子。
陳大訓。萬曆乙卯。
駱上乘。萬曆戊子。
駱効忠。萬曆戊子。
梁見龍。萬曆辛卯。
鍾萬鼎。萬曆丙午。
歐陽宣宧。萬曆己酉。
馬肩王。萬曆戊午。
黃方中。天啓辛酉。
鄧元鵬。天啓辛酉。
陳向廷。崇禎庚午。
梁南津。崇禎癸酉。
梁秉忠。崇禎丙子。

梁秉恕。崇禎丙子。忠胞弟，俱見龍子。
鄧元瑛。乙酉。
鍾聲繹。乙酉。
鄧禧。元瑛子，乙酉。順治二年，粵東未入版圖，鄉闈用弘光元年，故以上三人俱奉裁。

明恩選

鍾崑。
吳守經。萬曆九年恩選。
林一楹。
鄧宗京。江山興安縣知縣。
陳大勲。藍山知縣。
鄧應舒。
鄭大覺。
鍾震國。婺源縣丞，有傳。
梁秉恕。中丙子鄉試。
陳于登。癸酉拔貢。

吴平。乙酉恩選，奉撥回學，應康熙十一年貢。

國朝恩選

鍾依倫。

明府學歲貢

謝秉正。

陳彝。

徐恪。乙卯副榜。

鄧崇相。副榜二次。

鍾九鼎。

黄誥。

黄甲登。

國朝府學歲貢

恪身之。

明縣學歲貢

周宗鑑。

梁則著。

鄭春。

鍾道庇。

蔡謙。

文膚。

莫子永。

梁伯姜。

勞子全。

林訓。俱永樂。

廖銘。

程暄。

鍾正國。

廖子溫。

趙豊。
黄賢。
薛宗魯。
吳道護。
劉濟。
張奎。
劉濂。
王祐。
黄義。
陳泗。
譚泉。
黄廷佐。
勞伸。
廖章。
駱廷用。俱弘治。
陳圭。

鄭櫕。

黄課。

鄧植。俱正德。

馮端。

林儀鳶。

陳啓元。

王廷晏。

劉子重。

陳尚質。

陳以道。

黄冀善。

張中禮。

林秉乾。俱嘉靖。

黄完顔。

姜思忠。

馮士美。

陳一蚪。
梁士憲。
勞雄。
廖茂元。
梁國相。
莫興先。
勞王家。
鄭大捷。俱天啓。
陳天粹。
劉廷弼。
陳朱墀。
廖熙申。
鄧元瑛。乙酉舉人。
鄭全初。
蘇時雨。
鄧宗輔。

梁秉愚。
翁爾基。
廖熺賡。
陳慈赤。
陳共赤。
伍士俊。副卷準。俱崇禎。
梁熊。

國朝縣學貢

許光嶽。
鍾聲緝。
吴平。
金耳鼎。
譚起朕。

明例監

勞謙。增例。

鄭經。附例。

鄧元吉。宗齡長子。

王三聘。俊秀例。

鄧元修。附，宗齡次子。

鍾文統。俊秀例。

國朝例監

馮紹京。

烈女志

笄幗之德不聞於外，惟節烈者稱焉，此非婦若女之幸也。然正氣凜然，與日星爭曜。丈夫懷二心者，視之愧死矣。海濱閨閣，錚錚鐵中，可令湮滅不彰乎。故傳之以勵女貞，並風鬢眉者焉。

貞烈

柳氏。魏乞妻。成化元年，猺賊流刼村落，柳年十八被擄，賊憐其姿欲犯之。柳紿賊云：從汝何難，第吾父有奇術，嘗能自作銀納井中，今宜攜與俱引至井。遂投而死，群盜惋愕。

黄氏。鄭浩妻也，浩死，黄撫遺孤，事舅姑盡孝。里有豪陳龔者悦姿，強委禽焉，黄不可，龔乃逮其舅姑於訟。黄曰：『天乎，舅姑何辜。婦人之義從一而終，奸人以吾故而辱逮舅姑，惡用生爲。』遂扃戶縊而死。

鄧氏。庠生陳大賓妻，鄧邦基從女弟也。嘉靖庚申，避賊匿於新倉窟，賊搜而出之。鄧氏樹曰：吾得死所矣。驅之行，不從，刃其左臂。厲聲曰：『吾臂可斷，志不可奪。』賊復刺其胸而死。鄉人翟老時被擄，目擊其事，後脱歸，遍告於黨里。有司廉其實乃旌之，扁其門曰貞烈。其夫大賓從居錦囊，倭寇犯城，亦禦敵而死，夫妻忠節，真希覯也。

黃氏。鄭三妻，産二男一女。夫病篤，與夫訣曰：『汝死，我必從之。』及死，黃哭三晝夜不輟聲。殮畢，辭兄嫂曰：所倚者夫也，夫死，吾何生爲。善爲我撫兒女，吾目瞑。言終入室自縊。嫂追之無及矣。縣令張師益率里老祭之，聞於監司，旌其墓曰貞烈。

黃氏。生員黃德顯女也。女許於生鄧宗昌，未字而昌故，女年十八耳。訃至，女哭欲死，守父命不克奔昌喪，退爲之服婦服，昌母及門慰之，衰絰而見，稱未亡，人拜泣倒地，奉昌母曰姑母。歸，母遣人饋門，不輟淚。得昌葬日，女返室自縊，是正宗昌掩土時云。鄉人尚其烈，事聞府道，各委官埋祭之。

馮氏。海安所千戶徐輔妻，千戶馮高之女。夫故，年十九，遺腹生子四元。孀居撫養，閨門正肅。比子長而襲職，人尤罕見其面。弘治七年，巡按熊覈實欲奏而旌之，未果。

陳氏。監生廖章妻，年二十夫喪於京邸，陳鞠庶男廖忠，誓不再嫁，孝養舅姑。鄉人賢而欽之，知縣鄭普作詩以奬。弘治甲寅，巡按熊至雷，郡父老具以聞，熊覈實，乃奏而表之。年六十八終。

黃氏。庠生劉桂妻，黃元聰女也，年十八適桂，勤儉，睦於妯娌。逾二年，桂應試，卒於省，無子。訃至，黃哀泣欲死，誓不再適。紡績自給，宗族憐之。嘉靖己酉，里老暨諸生呈於督學蔡，廉實行奬，扁其門曰真節。終年六十七，學正黃澄詩以嘉之。

陳氏。庠生馮相妻，陳嘉謨之女。相少孤，刻意於學，氏復將順之，以成其志。甘貧處窶，夫婦敬待如賓。相卒，陳年十九，有子文煥二歲，次文炳遺腹生。家貧甚，內外難之，陳矢志撫孤，節操愈堅。年四十五歲卒，邑人哀之，巡按洪覺山按郡，廉實給貞節扁，以表其家。

陳氏。庠生陳克昌女，年十四，歸庠生黄鳳采，生一男二女而黄卒。陳孀居撫孤，伯叔咸不利之，每欲改嫁。陳而漁其産，潛囑外人，累以賦役親踈煽禍以懼之。陳又無所倚，外弟陳萬達、外舅鄧廷鈺雖扼腕其事，然皆畏縮莫敢攖其鋒。陳礪志彌堅，紡績拮据。迨孤漸長，而家難乃釋。卒年六十。

謝氏。錦囊所千戶方堅妻，百戶謝輝女也。年二十四夫陣亡，無子，家貧守節。巡道鄧覈其實，依例月支俸二石，以優養之。知府王秉良移縣勘結，未及奏請而終。

流寓志

楊子曰：狂者東走，逐者亦東走，東走則同，其所以走則異。流寓亦然。僉壬負譴，正直忤時，至邑則同，其所以至則異。故夫君子秉國，則小人至徐；小人擅權，則君子至徐。徐陽一片地，固世道升降之會也。然君子至止，人士仰之若祥雲，慕之如威鳳。授餐假館，奔走無斁，甚且畏壘，尸祝倚以爲重。小人至止，則睨若鵋䳢，戒甚檮杌，惟恐去不遠，避不速，其沉其浮，又何知焉。嗟乎，屈伸顯晦，秋蓬也，電火也。千秋萬載而下，贊慕與唾毀，不泯若此。孰得孰失，孰榮孰辱，毋論達人君子，自有遠識。即奸壬有知，回首一思，噬臍何及。舊志遷謫一類並載，忠邪無別，查肇惠志，獨傳賢者，余倣之。

宋

蘇軾。字子瞻，號東坡，四川眉州人。忤章惇，貶惠州。詩曰：報説先生睡未足，道人休撞五更鐘。五更鐘。惇聞之曰：軾如此樂耶。再貶昌化軍安置。弟轍貶雷，相遇於藤，同行至雷。居數月，下徐渡海，宿於遞角場。有渡海詩，唱和賦詠，具見藝文。

李綱。字伯紀，福建邵武人，自其祖始居無錫。政和二年進士，積官至太常少卿。時金人渝盟，欽宗受禪，爲尚書右丞，與耿南仲不合。及徽宗南幸還京，議調防秋之兵，南仲沮止之。未幾，以綱專主戰議落職。金兵再至，悟和議之非，召綱，行至長沙，率師勤王。未至，而都城失守，二帝蒙塵。高宗即位，拜尚書右僕射兼中書侍郎，上十事擬姚崇要説，方諍張邦昌僭送，當罪謫，而贈恤死義。諸臣參奏邊事，乞降哀痛之詔上皆洪之。尋爲黄潛善、汪伯彦所沮。御史張浚遂劾綱買馬招軍之罪，詔罷之。許翰言綱忠義，太學生陳東言潛善、伯彦不可任，綱不可去。於是殺東罷翰，落綱職，居鄂州，復徙萬州。建炎三年十一月，力疾行，赴瓊莞，次海濱渡海上，有伏波將軍廟，綱遣子宗之攝祭，默禱生還當書東坡所作碑文。在瓊三日，以赦還，次於雷陽，書蘇碑於廟，並紀其事於碑陰焉。紹興二年，除觀文殿大學士，尋罷。復起，赴行在奏事，時張浚罷相，言者以其失事，引漢武誅王恢，以此綱力救之。九年卒，年五十八，贈少師，官其親族十人。

趙鼎。高宗朝兩爲丞相，有功於國，爲秦檜所憾，罷知紹興府，徙潮州，再貶吉陽。謝表有曰：白首何歸，悵餘生之無幾，丹心未泯，誓九死而不移。寓雷陽後之萬，卒焉。宋中興賢相，以鼎爲首。

李光。參知政事，爲秦檜所惡，罷官，安置於藤州。再貶瓊州，道出雷陽後，移郴州而卒。

胡銓。字邦衡，廬陵人。建炎二年，擢進士第五人，後爲樞密院編修官。紹興八年，金使至，以詔諭江南爲名，銓上書力排和議，乞斬秦檜、王倫、孫近三人頭，竿之藁街。檜以銓狂妄凶悖，謫監廣州鹽倉。明年，改僉書威武軍判官。十二年，諫官羅汝檝劾銓飾非横議，詔除名，編管新州。同郡王廷珪以詩贈行，坐流辰州。十八年，新州守臣張棣訐銓，與客唱酬，謗訕怨望，詔送海南編管，道經於雷。二十六年，檜死，量移衡州，登南恩望海臺，賦詩而後行。自號澹菴老人。乾道初，爲工部侍郎。七年，以資政殿學士致仕。薨，謚忠簡。

明

林應驄。莆田人，由進士戶部員外郎。嘉靖四年，以議大禮謫徐聞丞。豐採節概，雅重一時。力所可及，悉振舉之。名宦、鄉賢二祠久廢，捐資修建。文廟缺祭器，準古制度鑄之。既成，有五色鳥來集，驄建來鳳坊以紀其祥。祀徐聞名宦。

湯顯祖。字義仍，臨川人。由進士任禮部主事，以建言謫徐聞添註典史。雅負才名，淹貫文史。延引士類，海之南北從遊者甚眾。建會館曰貴生書院，自爲說以紀，劉兌陽祭酒有記，遷遂昌知縣。

寺觀志

圓通寺。在縣東澄清坊。宋紹定間，僧四舍地創立，歲久傾圮。洪武二十年，主簿彭用乾爲多火災，伐石砌塔七層於寺以鎮之。永樂間，梁傳教重修。

廣德寺。在縣東二十八都。元至正甲午，有名僧德瑽號名心，原居天寧寺三十餘年，徙居徐聞，重修寺宇。王景賢記，平章闞里吉思扁曰廣德寺。年踰七十，童顏不衰，緣化募工，鑿渠設閘，墾田二十頃以供香火。元末傾圮，田爲民間陳氏所佃。

崇真觀。在縣西登雲坊，宋景定間剏。洪武二十三年，知縣張生雄重建。正德庚午，知縣江澤重建。

上元庵。在縣東十六都白石村。庵廢，址尚存。

和福庵。在縣東南二十里和福村。歲久傾圮，址存。

化成庵。在縣東關外。衡州僧曉真萬曆二十三年從瓊募化旃檀佛一尊，結草庵以居之，仍就路上施茶以飲往來渴者。知縣張大猷因捐俸造庵五楹，名曰化成。四十年，同知曹行健、知縣孫世芳至庵，添建前殿、左右兩廂、門樓、淨堂外，鑿井建碑，名曰官井，以廣其惠，往來此者胥賴之。

三元祠。縣東門内街南，改爲文昌祠，移建於街北。

觀音堂。在海安所南門外渡頭。清涼高聳，渡瓊官多寓之。

華捍寺。在縣北門外。高僧敬宗在崇禎三年同邑士民建。

藝文志　疏奏詩賦附

按：此遐陬僻壤之區，郡之下邑，自宋以來，凡諸名公所經歷於雷而之儋、之崖、之萬，亦未嘗不於此永朝而永夕者也。第碍無名山大川，異人奇蹟，足以動其風雅，見諸品題耳。間有記載篇章，修之郡志，毋庸再述。惟於前代剞劂之中，涉在徐之事績者，姑誌一二，亦可以見天下車書同文之意云爾。

記

月城池記　明鄧邦基

吾邑山水，故稱奇胜。左盤石龍，右踞石虎，三墩賓其南，雙丫主其北。郡山之蒙，委蛇迤邐，而大海遶其前焉。崒嵂汪洋，相距百里許。聯如走練，瑩若玉壺，芙蓉紫蓋，鑑湖白雲，與之博巧鬥奇，真天地間有數山川矣。

徐自正統己巳，由海安遷於賓朴，既非嚮明宣鬱之義，而民之隸役於公者，攸往爲甚。難門之外，陸田數頃，地原高亢，水易涸竭，堪輿家以爲不利。先是，建寧謝侯發謀經略之，而未暇也。今上官法令詳密公帑之藏，計銖錙不敢苟費，有司稍有動作，足以蠹吏。吏之修名譽者，輒以土木爲戒，況陂池興墜，不以考課，孰肯加意而舉行之哉。

西漢〔一〕張侯下車之初，首諏民瘼，凡興利除害，靡不悉心闡飭。徐舊城堞卑委，蕞爾彈丸，當沿海之衝，寔可隱憂。侯建議當道，增高各三尺，周圍墩臺一十二座，東西南三門各築圍城，真可以備不虞而禦外侮，境内安枕矣。城北實縣治，靠嶼門，故障閉嫌於寥曠。侯每登臨，必嗟慨之。乃召匠鳩工，規制弘拓，不再閲月而落成，嵬然爲山嶽增色。壽亭侯祠焉。凡有禦捍，輒禱祀之，其應如響。非若修冥福證功果爲也。

徐之西路一帶，珠崖通衢，直衝環帶，爲縣治厄。凡涖茲邑者，鮮以顯榮克終。侯因地象宜，更道於演武臺之陽。週連環繞，車馬翕集，若履於康莊，公私稱便。士隸海隅，習慕詩書禮樂之化。然不有以重恤其私，則資身困於無策〔二〕。侯出贖金，置買學田，計年入租，用以代耕。而作其氣，士之賴其資瞻者，懷珍抱奇，不啻雲蒸霧擁，然每阨於科第。侯因別駕林公豎魁星碑於明倫堂之側，乃建樓繪帳〔三〕，愈增其事焉。樓建於敬一箴之後，其木石資值，皆取諸俸，而不藉於公。嗣是紫氣勃勃，動干將莫邪，

〔一〕據《萬曆雷州府志》，「漢」乃「溪」字之誤。
〔二〕《萬曆雷州府志》作「榮」。
〔三〕《萬曆雷州府志》作「帳」。

連茹彙征之士，豈可以指計哉。侯蒞任匝三載，而鴻猷峻烈，赫然振著若此。宜其義問昭宣，而獎剡交檄，非偶爾也。乃於公餘之暇，周覽遠眺，翛然有出塵之想。闢南門，面於縣治。前門鑿月池，鞭石爲臺榭。襟蒔花木，蒼翠交霞，徐之景概，最爲奇觀。長闊計一百餘丈，深一丈餘。諸君樂其成，以記見屬。顧基土人也，既不能執畚鍤，雜傭役，以眉〔一〕供事之勞，今得操筆硯以圖成功，固所願焉。

夫天下之水，巨浸莫如江海，細流則曰溪澗，次之則滙而爲池。蓋池受崖谷後，委會泓縈而成之，蛟龍不侵，澎湃不警，航艦不通，輻輳紛華所不至，而欝然黔燦然，縈遼廓眇，忽觸之，易於乘興。故豪人達士多寄傲之，以箕踞其間。文中子設帳於白牛，子美開堂於浣花，元結怡情於治〔二〕水。人以池托，池以人勝，垂之往牒，其芳可掬也。侯之鑿是池也，得無有取於此乎。夫士君子所至，凡一山一泉，一石一壑，足當心意，皆可以取適一時。天下後世寶爲異蹟，學士大夫侈爲美談。故簿書爲伍者，日瑣瑣焉。至於山石之美，泉壑之佳勝，可以一覽而樂者，亦垂睫不顧曰：吾暇乎哉，其胸次超覊，不啻霄壤徑庭矣。余按狀而得其景焉。啼鳥饒舌，女夷皷歌，灘漱金沙，浪浮桃蕋，青絲以挹藍波，渟渟而拋赤者，池之春也。維夏則菱茨貼青，荷連遞馥，水晶風動，茨草放茵，其顧之莫有煩熱者乎。及彼闌秋，古鏡如開，水紈爲熨，韜涵太虛，吞月往雲，鳥鵲倒飛，芙蕖逆植，殆所謂綺绾繡鎖，合形效技者則然

〔一〕《萬曆雷州府志》作「胥」。
〔二〕《萬曆雷州府志》作「浯」。

矣。秋而復冬，玉壺迎霜，黃蘆摇白，狎鷗汩沒，待𦢊得舒，其諸秘光拂靜，凛烈生稜者乎。侯與客一二，侶登其臺，披襟坐嘯，風颼颼下，衣袂皆飛，拍掌浩歌，俯仰宇宙。挹三墩、雙丫之奇特，駕石門龍湫之峭麗。而瀚海蕩漾，咸在胸臆中矣。席罷，客嘻嘻散去，民之環池觀聽者，林林總總，悉鼓舞於春風太和之化，將不與此池同活潑哉。侯固將以其自適者適其民，而民亦將以侯之所適者，與池共永也。斯非作記之意與。是後也，其財捐諸俸贖而不費於公，其助取諸義倡而不勞于使。始于萬曆甲戌年，訖工於次年乙亥。噫，可謂易矣，是爲記。

平南碑記　明鄧宗齡

粵在嶺徼，萬里天末，厭亂。嘉靖間，李茂、陳德樂二酋束髮投荒，桀驁雄黠，招黨湡陵海上，焚我城社，屠我士女。當事者以粵初適倭變，師疲於行間，又困於轉餉，不忍拮据父老以奉執戟，姑從招撫以苟旦夕之安。自隆慶年壬申，迄於萬曆己丑，幾二十年，竟爾包藏禍心，陽以從撫愚官司，而陰蓄其不軌。鋪前巢宇，棋列繡錯，廣招閩廣亡命以爲牙爪，陰結城中豪傑爲耳目腹心。揚航樞〔一〕闖入禁池，則浮艎蔽空，鉦吹拂浪，刃接火攻，便於蹶踶。守樓將士歲被創不可勝計。海隅愚氓垂涎利藪，釋耒耜而投命，阡陌鞠爲茂草，官租蕭然告絀矣。四方之劍客奇民，逋亡罪隸，蹋踘繫搏，五合六聚大都，白

〔一〕《萬曆雷州府志》作「枻」。

晝之間，剽攫莫可詰。富者齎重貲，創船具牛酒給奸，坐而倍收其利。貧者願效死命，以償子母金錢，出沒粘天浩浪中矣。死地如騖，狂颷猝起，白骨壘萍飄，嫠婦迎魂，野燐夜泣，況其機智有密，官司稍有意嚮，則推刃而起，此如未潰之疽，未發則已，發則難收。

萬曆戊子春，直指蔡公夢說令徙居郡城，冀其悔禍瓦解，乃怙終不悛，聚黨侵池如始。大司馬劉公初奉命總兩粵軍事，即徵材官詰責二酋，其餘黨蔡克誠、陳良德等，遂擁衆出海，指戈內向，脅官司必釋二酋，公猶未忍加兵也。與直指黃公正色商度，遣使招諭，庶幾待以不死。乃兩旬間響應輻輳，登岸長驅，突襲清瀾，焚燬廬舍，煙炎亘天，毒焰且熾。公曰：若毋乃以故智嘗我，吾不敢久逆天誅矣。乃移鎮都，以便調命。命總兵都督僉事李君楝渡海閱師，與副使孫君秉陽督水軍材官，急擊勿失。復命參政徐君應奎、僉事許君國瓚督雷廉諸軍，參政熊君惟學、副使黃時雨督高涼諸軍佐之。又命黃君精遣坐營，崇維積往。命布政使程拱辰給餉，惟時按察使徐用檢覈功惟允，副使趙善政選精卒。遣都閫卲君曾和往，副使王民順飭斥堠毋令捍網。又令瓊州府知府周希賢、雷州府知府林民止募勇敢、繕軍輸聽用。遊擊沈茂、把總守備陳震、陳榮、李棟、甘霖，分諸道夾擊之。又命瓊州府同知李維岳、通判劉世懋、署高州事推官傅國材、署陵水事訓導林立、瓊山縣知縣莫恃英，征輸募士，保障惟嚴。已而，諸道兵並集。乃下令誡諸將曰：敢有狐疑持兩端惑軍者誅，敢有首鼠進退阻軍者誅。惟是幕府鐵鉞不敢專，亦不敢貸。又下令戒諸道曰：敢有載酒水餉賊者，法毋赦。敢有盜軍情輸賊者，法毋赦。軍聲大振，賊勢甚窘。乃命閃點數人潛抵郡城，擊書約二酋，乘機刼獄，斬關而去。事露，立誅擊書者，乃戒期舉事，分道並入。一由廣海督趣南頭諸軍以進，一由涠洲遊擊諸軍自南夾攻，一由吳川督北津、白鴿諸軍從中擊出。諸軍用命，所向克遂有功。五旬之間，執馘獻俘，旦夕奏捷。轅門下，諸酋長以次就縛，餘黨悉平。公白狀，上大悦，晋俸，賚金幣，勞文武將士有差。是舉也，共擒戮六百顆有奇，俘獲賊屬一百有奇，其沉溺重淵、骸骨浮海者不勝計。海壖之間，農不釋鋤，女不罷織，父兄紈帶，稚子咽哺，而享有今日者賜也。夫焦爛之功，孰與曲突徙薪之榮；烏附之劑，孰〔一〕與望色視垣之效。非公神畧弘遠，迅運成功，則浮渫響應，爲賊樹黨者日益衆之。不然，則走日本、趨暹羅，勾引異類各種，粤禍無已。雖有十萬之材官，全省之物力，恐難措手矣。

當公移鎮都城時，五色祥雲冉薄前旌，又上界列真先代忠烈授方畧，成功悉如左驗，豈偶然哉。不佞齡敢稽首獻頌曰：五嶺以南，是爲大荒。醜茲庶孽，敢悖天常，螟我蒼赤，毒我邊疆。帝曰：彼醜匪異人類，暫許汝撫庶其化誨。戎性狺狺，獸心匪易。招爾亡命，納爾魍魎。浮艎輕艦，鼓柑禁池。我有黍稷，則爲盜資，我有牛酒，取爲盜食。兵無釋戈，歲無寧宇，陽爲招降，實則奸府。憲臣特議，暫從於徙。彼夫躭躭，鴟張未已，布黨達舸，妖氛再煽。鯨浪飛飄，羽書遞箭。聞者褫魂，談者稿面。司馬授鉞，憫焉興憯。思我群庶，罹此困苦。自彼起釁，非予志武，乃命元戎，擊楫南渡。龍驤虎旅，驚飈迅鶩。乃命藩臬，趨督樓船。鳴鉦伐鼓，震蕩山川。乃命機宜，諸道並攻。金戈耀日，羽旄仝風。結

〔一〕《萬曆雷州府志》作「孰」，由上下句式亦可知。

陣橫野，懸纛蔽空。桓桓將士，如虎如熊。公曰：戒哉，兵不在戰，先攄厥謀。徐觀其變，進無易敵，退無避冦。罪在渠魁，脅從可宥。於赫靈神，訶護王師，陳謀授畧，如戒如期。倬彼雲漢，昭廻於天，祥光燦爛，有開必先。天惡神憤，士怒馬驕。執俘授首，克下崇朝。勢如破竹，筭如發機。氛消日朗，波恬浪夷。民安以慶。士飽而嬉，飲至榮勳，嘉錫攸宜。司馬鞠躬，再拜稽首。帝德光昭，臣力何有。賓服百蠻，天子萬壽，昭格元穹，灵貺是祐。太史作頌，以彰其績。勒之貞珉，以示無極。

新築東河記　明鄧宗齡

雷濱海，而郡山勢蜿蟺，自西北直趨而南，大海環繞其前。郡以前則平沙平曠，渺然無障。堪輿家者言，謂山不足而取資於河，乃克有濟。博士黃君率弟子員請於郡守周公，力主其議。乃以白於監司王公、許公，兩公報可。周公乃率郡丞趙公、郡倅傅公、同司理鄭公，曁邑令陳公趣度之。咸捐俸佐費，擇期啓土，而以鄭公董其事。起自天妃宮，迤邐東繞，以合特侶之水。潮汐往返，環抱如帶。

是舉也，無徵民力，無煩官帑，不數月而工就。此皆監司郡邑諸公，憫然念士之呰窳而教之湮鬱也。意欲奪造化，移山川之靈，以授諸士德念無已矣。夫人民〔二〕與山川，各操其柄，而有志者務人靈地，毋以地靈人。粵無文獻，何知有曲江也。曩時論者曰：儒術落穆，則職此之由，即有倜儻之才，下惟之

〔二〕《萬曆雷州府志》作「文」。

力，豈能超山川而見奇。今大河告竣，川嶽改觀，藉第今〔一〕泄泄曰：吾將乞靈於河伯，邀寵於山君，玩日愒歲，躭逐自廢，而冀人民之自與〔二〕，是茲舉多士累也，何以復諸公是在諸士哉。河寬二丈，長四百餘丈。大石橋一座，小石橋五座。

參政徐君名應奎，鄞縣人。參議王公名民順，今陞福建參政，金谿縣人。僉憲許公名國瓚，晉江人。郡守周公名良賓，晉江人。林公名民止，莆田人。郡丞趙公名佑卿，蘭谿人。蔣公名一清，宣化人。郡倅傅公名晏，鄞陽人。葉公名茂晚，順昌人。司理鄭公名子亨，羅源人。陳公名泰旦，上虞人。邑令陳公名錦，漳浦人。博士劉君名希曾，上杭人。黄君名夢鯉，增城人。王君名弘，高明人。劉君名腙〔三〕，卲武人。路君名希堯，瓊山人。黄君名兆龍，合浦人。而奉委董役者主簿陳君名世柟，侯官人。先後共成厥美，例得並書。

天妃廟記　檢討鄧宗齡

雷郡故有天妃祠，祠去南渡可十里許。天妃於海神最靈，諸渡者必走謁祠，問吉凶。或中流難起，則舟人匍匐叩神。聖赤光熒薄帆檣，則神來也，舟人無恐矣。以故瀕海在在置祠，而瀏洲孤島立起海中，

〔一〕《萬曆雷州府志》作「令」。
〔二〕《萬曆雷州府志》作「興」。
〔三〕《萬曆雷州府志》作「琮」。

沃壤而鄰於珠池。亡命嘯衆輒操大艇，闌入剽竊，則居民載酒，中配糈餉之。神惡其弗率也，待見夢於居民曰：若不捕奸，而反泣佐奸，罪浮於奸，若不悛，大師且至，吾不能爲若庇矣。潿洲民惴惴大恐，而監司必參王公民順，參軍陳公居仁，廉得其狀，謂全粵何賴於撮土，而令之延蔓以糧禍，宜罷之便。乃以事白制府。吴公文華請盡罷潿洲稅，而徙其民於内地，吴公報可。遂遣材官，且舳艫載之。材官以告神，神欣然從也。乃奉其像與父老子弟俱來，悉入郡祠中。而梵宇湫隘，且就頽圮，無以妥神靈。王公乃謀於郡守周公良賓、郡丞趙公佑卿、郡倅傅公晏、司理鄭公子亨，暨海康尹陳公錦，益拓故址，撤其舊而新之。義成，諸公捐金佐費，而以趙公董其役，方鳩工庀材，擇良舉事。而大風猝起海上，波濤人立，大木千章，逐巨浪至，閩南杉木，孔良豐碩。諸公相顧動色，謂神力也。趙公奉命惟謹，朝夕匪懈，未幾而就緒。王公率官屬謁廟，歸停蓋南樓。陳公爲治觴相勞，酒數行，白雲冉冉起空中，則螭龍挾雲，昂首蜿蟺，而當前隱見騰翥，與波光上下。若翠羽，若紫雲，若絢錦，若璘玢，若虹蜺之垂耀，若陽和之映瓊瑶，若飛雲之曳旌旗。觀者如堵，嘖嘖稱異，謂爲神宫應也。遂扁其額爲龍應宫。聞之，王者德及重淵，則龍遊沼池。蕞爾遐區，何來異物。毋亦珠池澄清，漳海波息，大化淳流，而神物來見，與斯亦奇矣。

祠成，前後堂若干楹，左右室若干楹，齋室若干楹。中石坊一座，門樓三楹。軒敞偉麗，八窗洞開，凴闌徙倚，曉雲縈青，暮烟横紫，物外奇觀，隱隱直墮几席。睇眸四顧，萬頃桑麻，耕黍相屬，遠峯高頂，縹緲若出雲端。臨瞰長江，千帆隱現，款乃聲徹，樵童牧夫，旅客遊人，躡足蒼苔水石，若掩映於碧烟翠靄、沙汀竹樹間，歷歷可見，則此宫亦曠然大觀哉。世稱紫府碧虚，叢霄明霞之館幻誕，不列祀典。而是神也，明示吉凶則當祀，脱危解厄則當祀，禁邪誡慝則當祀。父老德神若壇社，何敢忘功，矧其事多種種可紀不佞，敬爲授簡而綴記，以垂無極云。

貴生書院記　明探花劉應秋

余同年祠部湯君義仍，以言事謫尉徐聞。徐聞之士，知海以内有義仍才名久。至則攝衣冠而請謁者，趾相錯也。一聆謦欬，輒以爲聞所未聞。乃又知義仍所由重海内，不獨以才。於是學宫諸弟子争先北面承學焉。義仍爲之挾理談脩，開發款綮，日津津不厭。諸弟子執經問難靡虚日，户屨常滿，至廨舍隘不能容。會有當道勞餉，可值緡錢若干。義仍以謀於邑令熊君，擇地之爽闓者，搆堂一區，署其扁曰『貴生書院』。義仍自爲説，訓諸弟子。無幾，以書來告成事，屬余記之。

余讀其説，穆然有深思焉。即余言何以加於義仍，獨慨夫所稱貴者，蓋難言之矣。今夫人有愛倕之指，而不自愛其指者乎，則世必以爲怪。投隋珠於鳥雀，則衆起而椰榆〔二〕之，以爲彼己之分數不審，而輕重之衡失也。生寧渠一指一墮〔三〕珠之重哉。非至愚誖，誰不知爱，則奈何不明於其所以生，而自失其

〔二〕《萬曆雷州府志》作『揶揄』。
〔三〕《萬曆雷州府志》作『隋』。

所爲貴。是故，耳目之於聲色，鼻之於芳味，肢體之於安逸，其情一也。然而一之以生，一之以死，故凡有生之欲，皆害吾生者也。其欲彌多，其害彌甚，其貴彌薄。子不云乎，人之生也直。孟氏亦曰，至大至剛，以直養而無害。無害，焉之爲貴，此所謂生非六尺之軀之謂也。此所謂貴，亦非獨六欲各得各宜之謂也。乾父坤母，人生藐焉。中處參而爲三，豈其血氣形骸，塊然一物，便可以參天地。夫乾也動直，坤也內直，吾人受寂於坤，效感於乾，質任自然，無有回衺，是謂直養，是之謂知生。真性一鑿，百欲紛如，生乃適以爲害，譬之水然。太乙之所鍾也，萬流之所出也。本自潔直，無有衺穢，湛之久，而不能無易方員曲〔一〕折。湛於所遇，而形易青黃赤白；湛於所受，而色易鹹淡芳臭；湛於所染，而味易易非性也。易不能反其本初，則還復疑於自性。

人生亦由是也。故善觀水者，從其無以易水者而已矣。善養生者，去其所以害生者而已矣。心之有欲，而目之有眯，弗祓弗争，如耳之有楔。弗祓弗除學也者，所以祓眯祓楔，而復其聰明之常性者也。是故學不可以已也。蓋有性學湮晦，道術割裂，功利之毒漸漬日深，世間薰天塞地，無非欲海。吾人舉心動念，無非欲根，勢已極矣。學者思一起沉錮之積習，反而偕之大道，自非廓然。自信其所以生而奮然，有必爲此不爲彼之志，欲以迴汪瀾而清濁源此，必不幾之數也。諸弟子業聞義仍貴生之說，有如寤者，恍然覺悟，可不謂旦夕遇之乎。覺矣，猶復浸淫於衺，行浸尋於歧路，而失其所以貴，不可謂夫。

〔一〕「曲」，據《萬曆雷州府志》補入。

孟子曰：豪傑之士，雖無文王猶興。夫義仍且以豪傑望弟子，豈其諸弟子之自待，甘於凡民下乎，必不然矣。義仍文章氣節，嚆矢一時，茲且以學術爲海隅多士瞽宗，則書院之興頹，吾道明蝕之一關也，是不可無記。

徐聞產神芝記　國朝知府吳盛藻

人世嘉祥善事，君子之所弗道也。然而氣之所感，則各以其類應之。桑穀一暮而大拱，蓂莢曠世而一生，以爲妖也。則雍之難，以爲吉也，則蒔之尤難。是故有不期然而然，感於不自知，發於不可遏者，而不在乎雍之蒔之之力矣。

余蒞雷，無一善政可紀，方慮夫災侵之不暇，而何敢望休徵之象耶。越三載，徐聞鄉民掘草間，得靈芝一莖以獻。昔漢武之世，甘泉産芝九莖連葉，作芝房歌。夫以一草之細，而被諸管絃，流爲賦頌者，亦以見休嘉之不易致，而志一時之盛事也。雷特鋌山帶水、枯膚確礫之地耳，何能致圓丘之奇草，採山間之三秀哉。然而地之所生，其不容泯沒者。如此雷之父老相謂曰：吾民屬在邊鄙，目眯五色，今天幸惠仁侯，降此福祥，厥惟善政所感。余應之曰：督率子弟，勸課農桑，臣之力也。三時不害，五穀蕃廡，民之福也。若夫天瑞降，地靈見，所謂王者有道，則芝草生，余與爾何功之有焉。然又聞善人出，則芝生山谷間，夫使在位者，而皆善人乎。九莖連葉將一見再見，豈特與甘泉媲美哉。吾從斯勉矣。

渡海詩　宋蘇軾

參横斗轉欲三更，苦雨終風也解晴。雲散月明誰點綴，天容海色本澄清。空餘魯叟乘桴意，粗識軒轅奏樂聲。九死南荒吾不恨，茲遊奇絕冠生平。

青灣石碑詩　韓顯甫

春色清且明，節盛一百五。寒食遵餘俗，撥火濟微雨。菲才忝國恩，因病得吾土。何以知殊榮，此日奉宗祖。新安惟皇考，豐安則王母。松楸數萬株，岡樹擁成府。二塋相去闊，只近一舍許。前蹺揭星牙，蠲絜具罍俎。芬馨達孝誠，儼昔侍容語。禮誠無一遺，覯覩競墻堵。追惟予小子，未老膺旄斧。顧己胡能然，世德大門戶。思後爲嗣戒，永永著家矩。子侄聽吾言，語各志心膂。汝曹生綺紈，得仕匪艱苦。學業勤則成，富貴皆自取。仁睦周吾親，忠義報吾主。間須求便官，墳隴善完補。死則托二塋，慎勿葬他所。得與祖宗遊，魂魄遂寧處。毋惑葬師言，背親求福祐。有一廢吾言，汝行則妖魔。宗族正其罪，聲伐共鳴鼓。宗族不絕之，思得而誅汝。

咸淳己巳孟夏既望，七世孫顯甫謹刊石。

遊士題雙髻嶺

年年常喚作丫頭，何不梳妝出嫁休。筆忽乾，下澗取水，歸見山神，續云：只爲尋媒未曾得，巖前空立萬餘秋。

詠芒鞋 解元梁特卿

一隻芒鞋手裏提，人人說我是蠻黎。雖然不值三分鈔，留踏青雲不踏坭。

遊石門嶺 鄧宗京

性癖躭幽興，尋真歷荒島。拂石芘濃陰，鶯鳴柳各早。中有珊珀仙，授以金光草。願言駕迷津，安羨丹丘好。

跋

邑何以有志，所以紀一邑之事也。蓋惟王建極，設都分野，疆域既殊，而風氣各異。太史採風以備參考，於以辨土宜民，宣猷導化。天下之大，燎如指掌。是故天下者，一邑之積也。分天下之治於一治之中，即聯天下之邑於所治之內，由邑而之郡，由郡而之省，合直省以成一統之模則。今日之採訪邑志，雖荒徼濱海，網羅必悉，甚盛典也。乃徐志久缺，爰引郡志所載，成書以獻。此豈徒徵往詔來緣習故事哉。蓋將以陳一邑之治，進而昭一代之鴻烈，俾奕世以降，分治斯土者，詳察乎山川之廣狹，貢賦之煩簡，學校之盛衰，風俗之淳澆，則其宜因宜革，爲損爲益，以宣化乎民者。我知不下堂，而洞晰靡遺未。〔一〕

〔一〕以下缺漏。

圖書在版編目（CIP）數據

康熙二十六年徐聞縣志／（清）閻如珆修；（清）吳平纂；蔡平整理. —廣州：暨南大學出版社，2020. 10
（粵西府縣舊志叢書／孫長軍主編）
ISBN 978－7－5668－2955－9

Ⅰ. ①康… Ⅱ. ①閻…②吳…③蔡… Ⅲ. ①徐聞縣—地方志—清代
Ⅳ. ①K296. 54

中國版本圖書館 CIP 數據核字（2020）第 163949 號

康熙二十六年徐聞縣志
KANGXI ERSHILIU NIAN XUWEN XIANZHI
（清）閻如珆 修
（清）吳 平 纂
蔡 平 整理

出 版 人：張晉升
策劃編輯：杜小陸
責任編輯：潘江曼 亢東昌
責任校對：劉舜怡
責任印製：湯慧君 周一丹

出版發行：暨南大學出版社（510630）
電 話：總編室（8620）85221601
營銷部（8620）85225284 85228291 85228292 85226712
傳 真：（8620）85221583（辦公室） 85223774（營銷部）
網 址：http：//www. jnupress. com
排 版：廣州良弓廣告有限公司
印 刷：深圳市新聯美術印刷有限公司
開 本：850mm×1168mm 1/32
印 張：6. 625
字 數：163 千
版 次：2020 年 10 月第 1 版
印 次：2020 年 10 月第 1 次
定 價：58. 00 圓